Martina Wagner

Spielideen für ein positives Körpergefühl

Ökotopia Verlag, Aachen

Impressum

Autorin Martina Wagner
Fotos/Illustrationen Martina Wagner
Lektorat Karla Seedorf
Covergestaltung PERCEPTO Mediengestaltung
Layout & Satz designmeetsmotion.com, Tina Meffert
Druck Drukarnia Dimograf Sp. z o.o. Polen

MIX
Papier aus verantwortungsvollen Quellen
FSC® C018236
www.fsc.org

ISBN 978-3-86702-431-0

Bleiben Sie in Kontakt

www.oekotopia-verlag.de

Inhalt

Vorwort

Geborgenheit, Zuwendung und Liebe machen stark

Schon ab der Geburt sind für die Kinder Zärtlichkeit, Zuwendung und Fürsorge die ersten wichtigsten Lebens- und Körpererfahrungen. Jedes Kind braucht die Liebe, Geborgenheit und Anerkennung von wichtigen Bezugspersonen.

Eine wohlwollende Grundhaltung, die den Kindern den emotionalen Rückhalt in der Familie und Einrichtung garantiert, ist die Basis für ein gesundes Körperbewusstsein und den festen Glauben an die eigenen Fähigkeiten. Dann entwickeln sie ein stabiles Selbstwertgefühl. Ein Kind, das sich selbst okay findet, ist selbstbewusst und kann sich zu einer starken Persönlichkeit entwickeln.

Kinder brauchen Ermutigung und Zeit zur Selbstentfaltung

Anerkennung und Lob tun gut, machen stark und fördern die Entwicklung der Selbstständigkeit. Ermutigungen wie „Du schaffst das!", „Ich glaub an dich!" oder „Ich weiß, dass du das kannst!" machen stark, geben Vertrauen und ermutigen das Kind, sich etwas zuzutrauen und sich immer besser einschätzen zu lernen.

Zeit, das ist das, was Kinder brauchen. Zeit für eigene Entwicklungen, Zeit, um sich selbst zu entfalten und sich selbst zu finden, Zeit zum Entdecken und Ausprobieren, Zeit fürs Zuhören, Zeit zum Lauschen und Staunen, für Ruhe und Geborgenheit, zum Innehalten, Sich-Wundern und Fragen, Zeit zum Bewegen und Auspowern und um selbst kreativ zu werden, Zeit zum Lachen, Singen und Tanzen und besonders: Zeit zum freien Spielen.

Selbstständig und neugierig die Welt mit allen Sinnen erkunden

„Das kann ich schon!" – „Ich will das alleine." Das Streben nach Selbstständigkeit steht bei Kindern oft an erster Stelle. Dazu benötigen sie eine Umgebung, die ihre Entdeckerfreude, ihren Lernwillen und ihren Drang nach Selbstständigkeit unterstützt. Selbstständigkeit vermittelt Erfolgserlebnisse, fördert Selbstbewusstsein, Selbstvertrauen und Unabhängigkeit.

Kinder wollen mit allen Sinnen die Welt wahrnehmen und begreifen. Sie sammeln ihre Erfahrungen mit dem ganzen Körper.

Sich in der Gemeinschaft erleben und entfalten

Die Kita ist ein erweitertes Lernfeld gegenüber der Familie. Das Kind hat hier die Möglichkeit, über die Familie hinausgehende soziale Fähigkeiten zu entwickeln und zu erproben. Im und durch den Kontakt mit anderen können Kinder sich selbst erleben und erfahren. Freundschaften und Gemeinschaft machen stark – ich gehöre dazu, ich lerne von dir und du von mir, ich akzeptiere andere und werde von anderen angenommen, helfen macht Freude.

Klare Strukturen und Regeln sind Wegweiser, geben Halt und bieten Orientierung

Kinder wollen wissen, woran sie sind, und testen ihre Grenzen aus. Wenn ein Nein auch wirklich nein bedeutet, kann sich das Kind darauf einstellen. Sinnvolle Konsequenzen eines Regelverstoßes machen einsichtig, sie helfen, Regeln einzuhalten. Wenn für ein Kind absehbar ist, was folgt, kann es sich vorher entscheiden, wie es sich verhält. Eigenverantwortung lernen Kinder aus den Folgen, die sich aus ihrem Verhalten ableiten lassen, wer z. B. einen von einem anderen gebauten Turm absichtlich zerstört, um ihn zu ärgern, muss sich entschuldigen und den Turm wieder aufbauen.

Für die Kinder strahlen klare Regeln eine attraktive Stärke und Verlässlichkeit aus. Oft spielen sie im Rollenspiel Personen, die eine bestimmte „Stärke" und „Macht" verkörpern, die also das „Sagen" haben, z. B. Polizisten oder Könige. Dabei debattieren sie oft, nach welchen Regeln gespielt werden soll, und achten darauf, dass diese auch eingehalten werden.

Mit klaren Regeln, einer positiven Erwartungshaltung, Vertrauen und Ermutigung werden die Kinder darin unterstützt, sich Schritt für Schritt in der Erwachsenenwelt zurechtzufinden, sie werden gestärkt, fühlen sich angenommen, spüren Halt und Sicherheit.

Für wen ist dieses Buch?

Das Buch richtet sich an alle, die mit Kindern zusammenarbeiten – ErzieherInnen, SozialpädagogInnen ... Auch Eltern können viele dieser Spiele mit ihren Kindern durchführen.

Die vorgestellten Angebote und Spiele sind für Kindergartenkinder ab drei Jahren und Grundschulkinder geeignet. Besonders gut lassen sie sich mit Kindern zwischen vier und acht Jahren umsetzen. Es handelt sich hauptsächlich um Spiele für Klein- oder Großgruppen, einzelne Elemente und Spiele sind aber auch mit nur einem Kind durchführbar.

Der Schwerpunkt des Buches ist die Bewegung. Um ihr viel Raum zu geben, kommen bei allen Themen unterschiedliche Bewegungsangebote zum Einsatz. Gerade in der Kindheit kommen Bewegung und körperlich-sinnlicher Erfahrung eine sehr große Bedeutung zu, denn dadurch lernen Kinder ihren Körper und ihre Umwelt kennen und erfahren ein positives Gefühl für sich selbst. Bewegung macht nicht nur Spaß, sondern unterstützt auch die gesunde Entwicklung. Sie beeinflusst die soziale, emotionale, kognitive, motorische und sprachliche Entwicklung des Kindes. Die vorgestellten Bewegungsangebote und Spiele, die viel Platz benötigen, sind für einen Bewegungsraum bzw. eine Turnhalle konzipiert. Einige können sowohl drinnen als auch im Freien gespielt werden und manche sind gezielt für draußen in der Natur.

Kinder wollen ernst genommen werden, sie wünschen sich, dass man ihnen zuhört. Es ist wichtig, daran anzuknüpfen, was die Kinder bewegt, was sie interessiert, was sie bedrückt, was ihnen Freude macht und wo ihre Stärken liegen. Dadurch fühlen sie sich akzeptiert und angenommen. Gerade in der heutigen Gesellschaft mit ihrem schnellen Tempo ist es wichtig, den Kindern (Frei-)Raum und Zeit zu verschaffen, sodass sie ihr „Kindsein" voll entfalten können.

Bringt man Kindern Respekt und Achtung entgegen, so lernen sie auch, den anderen ebenfalls zu achten und zu respektieren.

Kinder brauchen ein Gefühl von Sicherheit und Geborgenheit, damit sie schöpferisch und kreativ an unbekannte Situationen herangehen können. Ein angemessenes Lob, Ermutigung und Bestärkung festigen die Kinder emotional. Positive Aufmerksamkeit ist das größte Geschenk, das wir Kindern machen können. Wenn sie wissen: „Jetzt bin ich gemeint!", macht sie das glücklich.

Die folgenden Spiele, Angebote und Aktivitäten ermöglichen Kindern, ihre Stärken zu entdecken, sich etwas zuzutrauen und sich in der Gemeinschaft zu erleben. Sie unterstützen die Kinder darin, Gefühle wahrzunehmen und Selbstbewusstsein zu entwickeln, und sensibilisieren sie für ein positives Körpergefühl.

Viel Freude mit den Kindern!
Martina Wagner

Gefühle gehören zu uns – Spiele für emotionales und soziales Wohlbefinden

Bereits im Kindergarten wird sich das Kind seiner eigenen Gefühle bewusst und lernt, diese zunächst in Mimik und Gestik, später auch in Worten auszudrücken. Durch die vorgestellten Angebote lernen die Kinder, Gefühle zu deuten, sich in andere hineinzuversetzen und mit Gefühlen umzugehen. Gleichzeitig wird das Selbstwertgefühl der Kinder gestärkt. Wer sich selbst mag, fühlt sich sicher, kann positiv auf andere Kinder zugehen und schließt leichter Freundschaften.

Unliebsame Gefühle werden nicht ignoriert oder verdrängt, sondern gemeinsam mit den Kindern erarbeitet.

Wichtig für die Gefühlsentwicklung sind ein gutes Vorbild, Halt, Liebe und Geborgenheit, damit die Kinder diese Haltung selbst weitergeben können.

Jeder hat Gefühle

Die Kinder sitzen im Kreis. In einem Gespräch erarbeitet die Spielleitung mit den Kindern die unterschiedlichsten Gefühle:

Was kennt ihr für Gefühle?
Welche Gefühle sind angenehm?
Wann geht es euch gut?
Über was freut ihr euch?
Wo und wie fühlt ihr die Freude im Körper?
Was macht ihr, wenn ihr fröhlich und glücklich seid?
Welche Gefühle sind unangenehm?
Was macht euch traurig?
Wann seid ihr ängstlich?
Was macht euch wütend?
Wo spürt ihr die Angst, Wut oder Trauer im Körper?
Was macht ihr, wenn ihr wütend seid?
Was hilft euch, wenn ihr traurig seid? Usw.

Die Kinder tauschen sich über die unterschiedlichsten Gefühle aus und entwickeln ein Gespür für sich selbst. Sie äußern, wann und weshalb bestimmte Gefühle auftreten. Sie erfahren, dass es keine guten und schlechten Gefühle gibt, dass jeder einmal wütend ist und dass Gefühle gezeigt bzw. angemessen ausgelebt werden dürfen.

Gefühle deuten

Material: Gefühlsbilder (fröhlich, traurig, ängstlich, müde, wütend, beleidigt – Kopiervorlagen im Anhang), viele Personen-/Kinderbilder in verschiedenen Situationen (Fotos oder Bilder von Illustrierten und Zeitschriften)

Die Spielleitung legt die verschiedenen Gefühlsbilder in die Kreismitte und bespricht gemeinsam mit den Kindern, um welches Gefühl es sich jeweils handelt. Danach legt sie einen Stapel mit Bildern in verschiedenen Situationen in die Mitte.

Nacheinander nehmen die Kinder ein Bild vom Stapel und überlegen gemeinsam, zu welchem Gefühlsbild diese Situation passt. Sind sie sich einig, legen sie das Bild zu dem entsprechenden Gefühlsbild. Die Spielleitung spricht mit den Kindern, warum diese Person traurig, ängstlich oder wütend sein könnte, und die Kinder versuchen, sich selbst in ihre Lage hineinzuversetzen: Wie würde ich mich in dieser Situation fühlen?

Leon und seine Gefühle

Material: Gefühlsbilder (fröhlich, traurig, ängstlich, müde, wütend, beleidigt – Kopiervorlagen im Anhang), Steine in der Anzahl der Kinder

Die Kinder sitzen im Kreis. In die Mitte werden Bilder zu den Gefühlen traurig, fröhlich, wütend, müde, ängstlich und beleidigt gelegt. Jedes Kind bekommt einen Stein. Die Spielleitung erzählt den Kindern die Gefühlsgeschichte, bei der die verschiedenen Gefühle thematisiert werden. Kommt ein Gefühl in der Geschichte vor, so wird kurz unterbrochen und die Kinder legen ihren Stein auf das entsprechende Gefühlsbild. Gemeinsam wird nun darüber gesprochen, warum sich das Kind in der Geschichte so fühlt und woran sie das Gefühl auf dem Bild erkannt haben. Die Kinder überlegen auch, wie sie sich selbst fühlen würden, wenn sie in der gleichen Situation wären. Dann wird die Geschichte fortgesetzt und die Kinder ordnen wieder ihre Steine den Bildern zu.

Es ist Morgen, draußen ist es noch dunkel und Leon liegt im warmen Bett und schläft. Da kommt Mama herein und weckt Leon: „Guten Morgen, mein Schatz, frühstücken, der Kindergarten fängt gleich an!" Doch Leon ist noch so müde, er würde am liebsten liegen bleiben und noch schlafen.
Müde.
Nach dem Frühstücken und Anziehen geht Mama mit Leon in den Kindergarten. Leon geht gerne in den Kindergarten. Hier fühlt er sich wohl, denn er kennt sich hier gut aus und hat Freunde, mit denen er gerne spielt.
Fröhlich.

Da Leon nun schon zu den größeren Kindern gehört, darf er nun auch schon kleinere Aufgaben im Kindergarten übernehmen. Sehr gern mag er das Blumengießen und er fühlt sich besonders groß, wenn er die Verantwortung für die Werkbank übernehmen darf und den jüngeren Kindern zeigen kann, wie man mit dem Werkzeug arbeitet und es danach wieder richtig aufräumt.

Fröhlich.

Heute spielt Leon mit Meik in der Bauecke. Meik ist sein bester Freund. Gemeinsam bauen sie eine Straße voller Fahrzeuge, stellen Bäume auf und bauen mit Holzklötzen Häuser. Die beiden sind ganz begeistert von ihrem Bauwerk.

Fröhlich.

Doch da kommt Robert in die Bauecke und fragt Meik, ob er mit ihm eine Räuberhöhle bauen möchte. Meik ist von der Idee mit der Räuberhöhle so begeistert, dass er gleich mit Robert mitgeht und dabei Leon ganz vergisst.

Dass jetzt Meik mit Robert spielt, gefällt Leon überhaupt nicht, Meik ist doch sein Freund. Leon merkt, wie es in ihm brodelt, Wut steigt in seinen Bauch. Er ist plötzlich total schlecht gelaunt. Voller Zorn wirft er all die schönen gebauten Häuser um.

Wütend.

Alle Bauklötze, Bäume und Fahrzeuge liegen nun verstreut in der Bauecke, das ganze Bauwerk ist dahin. Als Meik von Weitem die Bescherung sieht, flitzt er schnell in die Bauecke und ruft: „Warum hast du das gemacht? Du bist echt gemein!“

Doch Leon gibt Meik keine Antwort, verschränkt die Arme über der Brust und dreht sich einfach um. Er fühlt sich von Meik so im Stich gelassen, dass er nicht mit ihm reden möchte.

Beleidigt.

Nun sitzt Leon alleine mitten in den Trümmern und fühlt sich so einsam und traurig. Dicke Tränen kullern über seine Wangen und er denkt, dass er nun keinen Freund mehr hat.

Traurig.

Als die Aufräumzeit beginnt, räumt Leon alles alleine auf. Meik beachtet ihn gar nicht und ist nur mit Robert beschäftigt, die Räuberhöhle aufzuräumen.

Später gehen die Kinder nach draußen. Einige spielen Fangen, rutschen oder schaukeln. Leon steht nur da und weiß nicht, mit wem er spielen soll. Er fühlt sich so alleine.
Traurig.
Meik klettert am Klettergerüst und auch Robert ist dort. Sie klettern ganz weit nach oben ins Spinnennetz und lassen sich darin nieder. Da ruft Meik Leon zu: „Komm, Leon, klettre zu uns hoch, spiel doch mit!"
Leon ist erleichtert, dass Meik wieder mit ihm spielen möchte, doch er traut sich nicht, ins Spinnennetz zu klettern. Gerne würde er am Klettergerüst hoch und dann ins Netz zu den Jungs klettern, doch ihm ist auf einmal ganz schlecht.
Ängstlich.
Als Meik Leon so ängstlich da stehen sieht, kommt er heruntergeklettert und spricht Leon Mut zu: „Komm, trau dich, du schaffst das. Da oben ist es super! Los, ich helfe dir!" Da fühlt sich Leon auf einmal viel mutiger und klettert vorsichtig mit Meik nach oben. Robert reicht Leon hilfsbereit die Hand und zieht ihn zu sich ins Spinnennetz. „Danke!", sagt Leon zu den beiden Jungs. „Spielst du mit?", fragt Robert. „Ja", sagt Leon und freut sich.
„Tut mir leid, dass ich unsere Straße mit den Häusern zerstört habe", entschuldigt sich Leon bei Meik. „Morgen bauen wir sie zusammen wieder auf", meint Meik, „vielleicht hilft uns ja Robert dabei." „Klar", sagt Robert, „wir sind doch Freunde."
Gemeinsam haben die drei Jungs viel Spaß. Immer wieder klettern sie am Klettergerüst hoch und runter. Leon wird mit jedem Mal mutiger, bis er es schließlich schafft, ganz alleine ins Spinnennetz zu klettern. Er ist glücklich, und das fühlt sich richtig gut an.
Fröhlich.

Gefühlswürfel

Material: Schaumstoffwürfel, Gefühlsgesichter (Kopiervorlage im Anhang)

Zur Vorbereitung einen Schaumstoffwürfel mit verschiedenen Gefühlsgesichtern versehen: traurig, fröhlich, wütend, beleidigt, staunend, ängstlich.

Die Spielleitung beginnt und würfelt mit dem Gefühlswürfel. Sie benennt das gewürfelte Gefühl und erzählt den Kindern von einer Situation, in der sie sich so gefühlt hat. Danach gibt sie den Würfel an ein Kind weiter, welches nun würfelt und eine Situation von sich erzählen darf. Wenn es fertig erzählt hat, gibt es den Würfel wieder an ein anderes Kind weiter.

Variante: Die Kinder stellen mit ihrer Mimik das Gefühl, das der Würfel anzeigt, nach.

Spiegelbilder

Material: Handspiegel in der Anzahl der Kinder, evtl. Gefühlsgesichter-Bilder

Jedes Kind bekommt einen Handspiegel. Nach und nach nennt die Spielleitung unterschiedliche Gefühle. Die Kinder versuchen, mit ihrem Gesicht, mit ihrer Mimik die genannten Gefühle auszudrücken. Die Spielleitung gibt ihnen ausreichend Zeit zum Ausprobieren und die Kinder können anschließend ihre Mimik den anderen zeigen. Zur Anschauung und Hilfe können die Gefühlsbilder herangezogen werden.

Variante: Die Kinder gehen paarweise zusammen. Ein Kind macht eine bestimmte Geste oder einen bestimmten Gesichtsausdruck und das andere Kind ist sein Spiegel. Es macht alle Mimik, Gesten und Bewegungen mit dem eigenen Körper nach. Danach werden die Rollen getauscht.

Gefühlshexe

Material: Hexenhut

Ein Kind spielt die Hexe und bekommt einen Hexenhut als Erkennungszeichen auf den Kopf. Die Gefühlslaune der Hexe ändert sich ständig und so macht sie sich einen Spaß daraus, den Kindern immer wieder ein neues Gefühl in den Kopf zu zaubern.

Hex, hex, hex,
ich bin die kleine Hex.
Mal bin ich fröhlich,
traurig auch,
springe glücklich,
stampf wütend auf,
hex, hex, hex,
verzaubert bist du jetzt.

Die Hexe spricht den Zauberspruch, macht eine Gefühlslage vor und alle anderen Kinder sind verzaubert und müssen es ihr nachmachen, solange sie den Hut auf dem Kopf hat. Die Hexe kann z. B. fröhlich lachend durch den Raum springen, zittern vor Angst, wütend auf den Boden stampfen und mit dem Finger drohen oder sich heulend in eine Ecke verkriechen. Die Kinder haben einen Riesenspaß daran, sich verzaubern zu lassen und die unterschiedlichsten Gefühle auszudrücken.

Nach einer Weile wird der Hexenhut an ein anderes Kind weitergegeben. Dieses ist nun die Hexe und versetzt die Kinder ebenfalls in unterschiedliche Gefühlslagen.

Lied über Gefühle

Kinder singen gerne. Bei diesem Lied können sie verschiedene Gefühle zum Ausdruck bringen und es pantomimisch begleiten.

Melodie: Von den blauen Bergen kommen wir

Wenn ich fröhlich bin, dann lach ich gern mit dir,
tanz, spring, hüpfe – komm, freu dich auch mit mir.
Fühl mich glücklich, lieb den Tag.
Spiel mit dir, weil ich dich mag.
Wenn ich fröhlich bin, dann lach ich gern mit dir.

Wenn ich traurig bin, dann nimm mich in den Arm,
tröste mich und halte mich ganz warm.
Wenn ich traurig bin, darf ich weinen,
lass es raus, denn das muss sein.
Wenn ich traurig bin, dann nimm mich in den Arm.

Wenn ich ängstlich bin, brauch ich Geborgenheit
und zum Wieder-mutig-Werden etwas Zeit.
Wenn ich Angst hab, fühl ich mich klein
Doch ich weiß, ich bin nicht allein.
Wenn ich ängstlich bin, brauch ich Geborgenheit.

Wenn ich wütend bin, dann stampf ich kräftig auf,
lass meine Wut an keinem andern aus.
Spür in meinem Bauch die Wut,

stampfe auf, das tut mir gut.
Wenn ich wütend bin, dann stampf ich kräftig auf.

Wenn ich mutig bin, bin ich voll Zuversicht,
schaff alles leicht mit Lächeln im Gesicht.
Ich fühl mich stark, kann viele Sachen,
die das Leben leichter machen.
Wenn ich mutig bin, bin ich voll Zuversicht.

Wenn ich müde bin, leg ich mich gern zur Ruh,
schließe meine beiden müden Augen zu.
Träume gerne von der Welt,
die mir so gut gefällt.
Wenn ich müde bin, leg ich mich gern zur Ruh.

Gefühlsscheibe

Mithilfe der Gefühlsscheibe können Kinder ihre Gefühle und die der anderen deuten. Je nach Gefühlslage kann der Zeiger entsprechend gedreht werden. Die Gefühlsscheibe lässt sich auch für die vorgestellten Gefühlsspiele einsetzen.

Material: weißer Tonkarton, großer Teller, Lineal, Moosgummi oder Tonkarton, Kuvertklammer, Schere, Farbstifte

Die Kinder malen mithilfe eines Tellers einen großen Kreis auf den Tonkarton und schneiden ihn anschließend aus. Mit einem Lineal teilen sie auf dem Kreis sechs Felder ein. Die Linien sollten dick aufgemalt sein, damit die unterschiedlichen Felder gut erkennbar sind. In jedes Feld wird ein Gesicht, das ein jeweils anderes Gefühl zeigt, gemalt. Hierfür benötigen die Kinder etwas Unterstützung.

Anhand von Handspiegeln können die Kinder ihre eigene Mimik für bestimmte Gefühle erkennen. Typische mimisch-gestische Signale werden gemeinsam erarbeitet, z. B. ein lachender Mund für „fröhlich", die Mundwinkel bei einem traurigen Gefühl werden nach unten gemalt und das Gesicht bekommt Tränen. Ein wütendes Gesicht kann zornig und rot gemalt werden usw. Dann schneiden die Kinder einen Zeiger aus Moosgummi oder Tonkarton aus. In die Mitte der Scheibe und des Zeigers mit einer Schere ein Loch stechen und den Zeiger mit einer Kuvertklammer befestigen.

Wohin mit der Wut im Bauch?

Jedes Kind kennt das Gefühl, wenn es in einem brodelt, wenn man voller Zorn ist, sich ärgert und wütend wird. Reden hilft da oft nicht viel. Kinder brauchen hier klare Grenzen: Wut darf nicht an anderen ausgelassen werden oder es darf nichts mutwillig zerstört werden. Kinder brauchen Möglichkeiten, um entstandene Aggressionen abzubauen. Viel Bewegung im Freien und Bewegungsspiele helfen den Kindern, Dampf abzulassen, ihre Kräfte zu messen und wieder zur Ruhe zu kommen. Wichtig ist, dass Kinder im Alltag und im Spiel immer wieder darauf aufmerksam gemacht werden, sich in andere hineinzuversetzen. Manches Verhalten oder manche Gefühle werden erst durch einen Perspektivenwechsel verständlich.

Was macht mich wütend?

Material: Papier und Stifte

Gespräch: Die Spielleitung erzählt den Kindern von der Wut:

Es gibt Dinge, die können einen wahnsinnig wütend machen, z.B. wenn man nicht das bekommt, was man sich gerade wünscht, oder wenn andere Kinder einen nicht mitspielen lassen oder einen ärgern. Wenn man so richtig wütend ist, dann würde man am liebsten laut brüllen, stampfen und etwas umwerfen. Manchmal sagt man dann auch Dinge, die man gar nicht so meint. Später, wenn man sich wieder beruhigt hat, tut es einem furchtbar leid.

Die Kinder schildern, wann sie einmal wütend waren und was sie wütend und sauer macht. So werden sie ermutigt, Gefühle als etwas Nützliches und Wichtiges anzunehmen. Dass man sich mal streitet und wütend aufeinander ist, ist ganz normal. Wichtig ist, die Wut nicht an anderen auszulassen und sich hinterher wieder zu vertragen.

Kreativangebot: Jedes Kind malt das, was es wütend macht, auf ein Blatt Papier. Danach vergleichen die Kinder ihre Werke miteinander und erfahren so, was ein anderer nicht mag, und können so vielleicht darauf Rücksicht nehmen.

Möglichkeiten zum Dampfablassen und um zur Ruhe zu kommen

Bewegung im Freien und Auspowerspiele: Frische Luft und viel Bewegung im Freien lassen die Kinder wieder „durchatmen". Das macht gute Laune und die Kinder sind ausgeglichener. Einfach im Herbst durch das raschelnde Laub laufen, es hochwerfen und damit eine lustige Blätterschlacht veranstalten, macht den Kindern nicht nur Spaß, sondern löst auch angesammelte Spannungen.

Boxsack: Krafteinsatz befreit von Wut und Aggressionen. An einem Boxsack können Kinder ihre Wut auslassen und sich abreagieren. Hierfür einen großen Leinensack mit fest zusammengeknülltem Zeitungspapier oder Stoffresten füllen. Das Füllmaterial sollte nicht zu leicht sein, sonst bietet der Sack später keinen ausreichenden Widerstand, aber auch nicht zu hart, damit es nicht zu Verletzungen kommen kann. Den Sack mit einem Seil zubinden und in Brusthöhe aufhängen. Hierfür einen geeigneten Platz auswählen.

Wuttanz: Zu einer flotten Trommelmusik tanzen, springen und hüpfen die Kinder im Bewegungsraum spontan drauflos, stampfen mit den Füßen auf den Boden oder schlagen mit den Armen in die Luft. Sie können auch auf den Sitzflächen von Stühlen zum Rhythmus der Musik trommeln. Brodelnder Ärger oder schlechte Stimmung werden durch aktive, intensive Bewegungen abgebaut.

Tiere nachahmen: Alle bewegen sich im Raum zu einer beschwingten Musik oder einem Tamburinspiel. Bei einem Zwischenstopp gibt die Spielleitung oder ein älteres Kind ein Tier vor und alle stellen es durch Mimik, Gestik, Körperhaltung, Stimme und in Bewegung dar, z. B. einen brüllenden Löwen, eine fauchende Katze, einen stampfenden Elefant, eine zischende Schlange oder ein wild umherspringendes Pferd.

Tonen: Beim Bearbeiten eines Tonstückes können die Kinder ihre Muskeln einsetzen, das hilft, Spannungen abzubauen. Die kreative Bearbeitung des Tones fördert zudem die innere Zufriedenheit.

Höhle als Rückzugsmöglichkeit: Manche Kinder ziehen sich gerne zurück, wenn sie beleidigt oder traurig sind. Die Spielleitung kann gemeinsam mit den Kindern eine Höhle bauen und diese mit weichen Kissen und Decken auslegen. Hier haben die Kinder immer wieder die Möglichkeit, sich eine Auszeit zu genehmigen und zur Ruhe zu kommen.

Gemeinsam sind wir stark

Kinder haben ein Grundbedürfnis nach Zugehörigkeit und Verbundenheit. Die Zusammenarbeit und der Zusammenhalt mit anderen vermitteln ihnen ein Wohlgefühl, denn grundsätzlich suchen sie die Gemeinschaft und wachsen in gelingender Beziehungsgestaltung begeistert über sich hinaus. Sie brauchen feste Bezugspersonen und Regeln für ein gutes Zusammenleben. Durch gemeinsame Aktionen, beim gemeinsamen Experimentieren und Gestalten, beim Lösen von Aufgaben, Bewegungsangeboten, Zubereiten von Lebensmitteln sowie beim gemeinsamen Musizieren, Tanzen und Spielen wird die Gemeinschaft der Kinder gestärkt. Dadurch entwickeln sie Interesse für andere und wirken an Entscheidungen der Gruppe mit. Sie lernen das Denken, Fühlen und Handeln anderer zu verstehen und zu respektieren.

Kreisbildung

Die Spielleitung legt einen runden Gegenstand oder ein Mandala in die Mitte. (Dies kann auch im Vorfeld mit den Kindern gemeinsam geschehen. Gerne legen die Kinder mit Naturmaterialien oder Legematerial ein Mandala oder gestalten damit die Kreismitte. Dies sollten jedoch nicht mehr als sechs Kinder übernehmen.)

Alle Kinder stehen im Kreis um die Mitte. Dabei achten alle darauf, den Kreis möglichst rund zu machen, und fassen sich an den Händen. Der geschlossene Kreis bildet eine stabile Gemeinschaft. Jedes Kind in der Reihe ist gleich wichtig zum Erhalt des Kreises. Die Kinder schließen die Augen und achten darauf, genau ihren Körper zu spüren, die Wärme der haltenden Hände, den eigenen Atem und den der Nachbarn, die Kraft der Gemeinschaft. Langsam werden die Augen wieder geöffnet und die Spielleitung spricht gemeinsam mit den Kindern:

Ich und du,
wir gehören dazu.
Wir halten zusammen,
keiner ist allein.
Ich und du,
wir gehören dazu.
Dass wir so verschieden sind,
das stört uns wirklich nicht,
denn jeder ist ein ganz besonderes Kind.

Gespräch: Im Gespräch wird erarbeitet: Wie zeigen wir, dass wir eine Gemeinschaft sind? – Wir helfen uns gegenseitig, übernehmen Verantwortung, trösten jemanden, wenn er traurig ist. Wir freuen uns für andere, teilen miteinander, unterstützen uns. Wir sind füreinander da, hören einander zu und entschuldigen uns, wenn wir ungerecht waren. Wir grenzen niemanden aus, gehen auf neue Kinder zu, lassen sie mitspielen und helfen somit, dass sie sich in die Gruppe integrieren und sich bei uns wohlfühlen usw. Wie fühlen wir uns in einer Gemeinschaft? – z. B. mutiger, groß, stark. Gemeinsam spielen ist schön, denn Freude kann geteilt werden.

Wärmende Sonne

Material: ruhige Entspannungsmusik, warme Decke

Die Kinder legen sich sternförmig in einen Kreis mit dem Rücken auf den Boden. Dabei fassen sie sich an den Händen und die Füße liegen beieinander in der Kreismitte. Die Spielleitung legt über die Kinderfüße eine warme Decke und erzählt. Dazu hören die Kinder eine Entspannungsmusik. Wer möchte, darf die Augen schließen.

Gemeinsam liegt ihr nun hier im Kreis und seid ganz leise. Stellt euch vor, dass ihr gemeinsam eine Sonne seid. Gemeinsam könnt ihr Wärme ausstrahlen. Ganz in der Mitte der Sonne bei euren Füßen beginnt die Wärme. Spürt, wie eure Füße ganz warm werden. Die Wärme fühlt sich gut an und wandert immer weiter über euren Körper, über eure Beine, über euren Po und euer Becken. Angenehm und schön fühlt sich die Wärme an. Jetzt spürt ihr die Wärme auch in eurem Bauch und in eurem Rücken. Sie wandert weiter zu den Armen bis in eure Hände. Das sind die warmen Strahlen der Sonne, das verbindet euch. Ganz warm sind die Sonnenstrahlen, die ihr nun gemeinsam in die weite Welt strahlt und die alles erwärmen. Spürt, wie warm euer ganzer Körper ist und wie schön es ist, gemeinsam hier Hand in Hand zu liegen und den anderen zu spüren.

Das finde ich toll an dir

Die Kinder werden darin bestärkt, die anderen mit ihren positiven Eigenschaften zu sehen und diese auch zu benennen. Sie fühlen sich dadurch gelobt, geachtet und wertvoll und die ganze Gruppe nimmt auf einmal die genannten Eigenschaften an ihnen wahr – das tut gut und macht Mut!

Material: Wollknäuel oder weicher Ball

Die Kinder sitzen im Kreis. Ein Wollknäuelende einmal um ein Stuhlbein wickeln. Ein Kind erhält einen Wollknäuel, wickelt den Faden einmal um sein Stuhlbein und wirft den Knäuel dann einem anderen Kind zu. Dann sagt es diesem, was es an ihm besonders mag, was es toll an ihm findet, z. B. „Ich finde gut an dir/mag dich, weil du ... mit mir oft in der Puppenecke spielst/mir beim Puzzeln hilfst/so tolle Türme bauen kannst/so gut klettern kannst" etc. Jetzt ist dieses Kind an der Reihe, wickelt den Wollfaden ebenfalls einmal um sein Stuhlbein und wirft den Knäuel weiter an ein anderes Kind und bestärkt es, indem es ihm sagt, was es an ihm mag. So entsteht zwischen den Kindern nach und nach ein Netz, das deutlich macht, dass alle in der Gruppe miteinander verbunden sind. War jeder einmal an der Reihe, werfen die Kinder die Wolle wieder in umgekehrter Reihenfolge zurück, sodass sich das Netz wieder langsam auflöst. Nacheinander dürfen nun die Kinder umgekehrt eine besondere Eigenschaft des anderen Kindes nennen.

Variante: Anstatt der Wolle kann auch ein weicher Ball zugerollt/geworfen werden. Für die jüngeren Kinder ist das einfacher.

Verantwortung übernehmen

Verantwortlich handeln bedeutet, sich seiner Entscheidungen bewusst zu sein, ein Stück weit für sich selbst verantwortlich zu sein und sich auch um das Gemeinwohl zu sorgen. Verantwortung beginnt schon im frühen Kindergartenalter. Allmählich lernen die Kinder, eigenverantwortlich zu leben und zu handeln. Sie lernen, ihre Gefühle zu regulieren, werden sich ihrer Fähigkeiten und Möglichkeiten bewusst und sind dadurch zu selbstständigem Denken und Urteilen in der Lage. Dazu gehört, Meinungen und Bedürfnisse zu äußern und Aufgaben zu übernehmen. Die älteren Kinder in der Kita wachsen allmählich in die Rollen der „Großen". Dieser Schritt bringt auch eine gewisse Selbstständigkeit und Verantwortung mit sich. Sie sind die Kinder, an denen sich die Jüngeren orientieren und bei denen sie Hilfe suchen. Von ihnen werden die Großen bewundert, das macht sie stolz.

Im Kindergarten oder auch zu Hause lässt sich einiges finden, wofür Kinder Verantwortung übernehmen können. Die Aufräumbereiche können untereinander aufgeteilt werden, sie können Patenschaften für die neuen Kinder übernehmen – ihnen helfen und vieles zeigen. Sie können auch Pflanzen, die sie gemeinsam gepflanzt oder gesät haben, regelmäßig gießen.

Durch das Übernehmen einer Verantwortung wachsen die Kinder, sie fühlen sich stark und in ihren Fähigkeiten bestärkt. Dadurch erhalten sie mehr Selbstsicherheit und Selbstbewusstsein.

Anderen eine Freude machen macht Freude

Kinder helfen gerne und machen anderen eine Freude. Die Spielleitung kann beispielsweise mit den Kindern Senioren besuchen. Hier können die Kinder eingeübte Lieder singen oder Selbstgebackenes oder Gebasteltes verschenken. Weitere Aktionen könnten Sammelaktionen für ärmere Kinder sein, Großelternnachmittage, an denen man die Großeltern mit selbst gebackenem Kuchen bewirtet oder etwas Einstudiertes vorträgt. Bei solchen Aktionen spüren die Kinder die Freude der Menschen und sammeln wichtige Erfahrungen mit anderen.

Wir sind die Power Kids

Gemeinsames Singen macht Freude, fördert das Gemeinschaftsgefühl und verbindet. Ein fröhliches Gemeinschaftslied, das pantomimisch begleitet werden kann.

Melodie: Die Affen rasen durch den Wald

Gemeinsam fühlen wir uns stark,
wir helfen uns, das ist doch klar.
Gemeinsam geben wir uns Halt.
Wir sind die Power Kids, wir sind die Power Kids.
Wir sind die Power Power Power Kids.
Wir sind die Power Kids, wir sind die Power Kids.
Gemeinsam fühlen wir uns stark.

Es ist schön, dass es dich gibt,
weil du was Besondres bist.
Du bist toll, so wie du bist.
Wir sind die Power Kids, wir sind die Power Kids.
Wir sind die Power Power Power Kids.
Wir sind die Power Kids, wir sind die Power Kids.
Es ist schön, dass es dich gibt.

Ich bin mutig und traue mich,
lass meine Freunde nicht im Stich.
Wenn jemand ärgert, sag ich „Nein".
Wir sind die Power Kids, wir sind die Power Kids.
Wir sind die Power Power Power Kids.
Wir sind die Power Kids, wir sind die Power Kids.
Ich bin mutig und traue mich.

Komm, hüpfe, springe, tanz doch mit,
es macht gute Laune, hält uns fit.
Bewegung tut uns allen gut.
Wir sind die Power Kids, wir sind die Power Kids.
Wir sind die Power Power Power Kids.
Wir sind die Power Kids, wir sind die Power Kids.
Bewegung tut uns allen gut.

Wir lieben die Ruhe und die Zeit.
Wir brauchen alle Geborgenheit
zum Träumen und Glücklichsein.
Wir sind die Power Kids, wir sind die Power Kids.
Wir sind die Power Power Power Kids.
Wir sind die Power Kids, wir sind die Power Kids.
Wir lieben die Ruhe und die Zeit.

Die Welt, die ist so wunderschön,
wir können sie fühlen, hören, sehn.
Wir setzen unsre Sinne ein.
Wir sind die Power Kids, wir sind die Power Kids.
Wir sind die Power Power Power Kids.
Wir sind die Power Kids, wir sind die Power Kids.
Wir setzen unsre Sinne ein.

Obst und Gemüse, das schmeckt fein,
wir wollen gesund und kräftig sein,
wir essen jeden Tag davon.
Wir sind die Power Kids, wir sind die Power Kids.
Wir sind die Power Power Power Kids.
Wir sind die Power Kids, wir sind die Power Kids.
Obst und Gemüse, das schmeckt fein.

Wasser braucht der Körper viel,
drum trinken wir davon sehr viel.
Wasser ist frisch und auch gesund.
Wir sind die Power Kids, wir sind die Power Kids.
Wir sind die Power Power Power Kids.
Wir sind die Power Kids, wir sind die Power Kids.
Wasser braucht der Körper viel.

Freundschaften: Zusammenhalt, Achtung, Vertrauen, Geborgenheit

Freundschaften sind für alle Kinder wichtig. Durch die Anerkennung anderer fühlen sie sich stark und trauen sich auch eher an schwierige Dinge und Aufgaben. Jeder braucht Freunde, um gemeinsam zu lachen und zu spielen, sich gegenseitig zu helfen und Vertrauen zu finden.

Gespräch: Die Spielleitung erarbeitet mit den Kindern im Gespräch, was Freundschaft bedeutet und warum sie so wichtig ist: Was bedeutet Freundschaft? Wozu braucht man Freunde? Hast du einen Freund? Wer ist dein Freund? Was findest du an deinem Freund gut? Wie fühlt es sich an, einen Freund zu haben? Kann man mit Freunden streiten? Wie fühlst du dich bei einem Streit? Wie kannst du dich wieder versöhnen?

Vertiefung: Die Kinder malen ihre Freunde und äußern, was sie besonders an ihnen mögen. Als schöne Geste können die Kinder einen einfachen Kieselstein als Freundschaftsstein, Glücksbringer, „Ich mag dich"-Symbol, für einen besonderen Freund mit Acrylfarbe bemalen und dadurch ihre Sympathie für jemanden ausdrücken.

Mit dir hab ich Spaß

Melodie: Down by the river von Albert Hammond

Ich bin ich und du bist du,
gemeinsam hören wir uns zu.
Lass uns zusammen fröhlich sein.
Komm, lass uns Freunde sein.

Jeder ist besonders hier
und wir stehen gemeinsam hier.
Ganz egal, ob groß, ob klein.
Komm, lass uns Freunde sein.

Refrain
Mit dir hab ich Spaß.
Mit dir hab ich Mut.
Du magst mich und ich mag dich
und das tut uns gut.

Gemeinsam lachen, singen wir,
tanzen, hüpfen und spielen wir.
Keiner ist von uns allein.
Komm, lass uns Freunde sein.

Jeder Tag ist besonders schön,
wenn wir gemeinsam die Welt ansehn.
Ich bin dabei, gehöre dazu.
Auch du und du.

Refrain

Und haben wir einmal Streit,
dann sag ich dir, es tut mir leid.
Komm, lass uns wieder Freunde sein,
zusammen ist kein Weg zu weit.

Refrain

Freundschaftsbänder

Die einfachen Freundschaftsbänder eignen sich zum Verschenken und können Freundschaft und Gemeinschaft ausdrücken.

Material: Holzlatten (Länge ca. 30 cm), Nägel, Hammer, verschiedenfarbige Wolle, Schere, evtl. Flechtnadeln

Vorbereitung: An einem Ende einer Latte in die Mitte einen Nagel ins Holz hämmern. Am anderen Ende drei Nägel im gleichen Abstand nebeneinander ins Holz nageln. Von der Lattenseite mit einem Nagel jeweils einen gleichfarbigen Wollfaden um jeden Nagel der gegenüberliegenden Seite spannen und am Nagel festbinden, etwa 10 cm Faden am Ende überstehen lassen.

Dann mit einer anderen Farbwolle genauso verfahren. Dadurch entsteht eine untere und eine obere Reihe in zwei unterschiedlichen Farben. Danach von einer dritten Farbwolle ein ca. 70 cm langes Stück abschneiden und dieses auf der Seite mit einem Nagel um alle Enden der gespannten Fäden knoten.

Anleitung: Zuerst den langen Faden zwischen die unteren und oberen Fäden durchziehen. Zur Hilfe kann eine Flechtnadel herangezogen werden, einfach Nadel mit Faden zwischen die Farbreihen ziehen. An der Lattenseite mit den drei Nägeln an jedem Nagel den unteren Wollfaden über den oberen ziehen, sodass jetzt die untere Farbe oben liegt. Dann den langen Faden wieder zwischen die Farbreihen ziehen und bis zum Knoten vorziehen. Danach wieder die unteren Wollfäden über die oberen legen und den langen Faden erneut durch die Reihen ziehen. Dieser Vorgang wiederholt sich, bis die benötigte Armlänge erreicht wird. Jüngere Kinder brauchen noch etwas Hilfestellung, doch Kinder ab ca. 5 Jahren können nach einer Weile alleine am Armbändchen arbeiten. Anschließend das Armband von der Holzlatte nehmen und die Endfäden miteinander verflechten. Ein Armband mit einem schönen Muster ist entstanden, das die Kinder gerne tragen oder an einen guten Freund oder ein Patenkind verschenken.

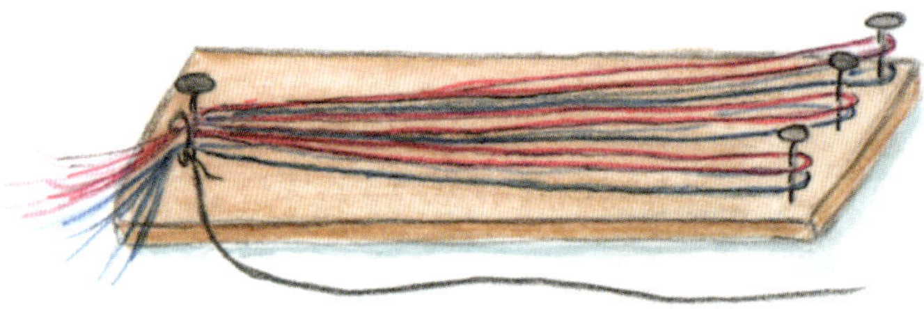

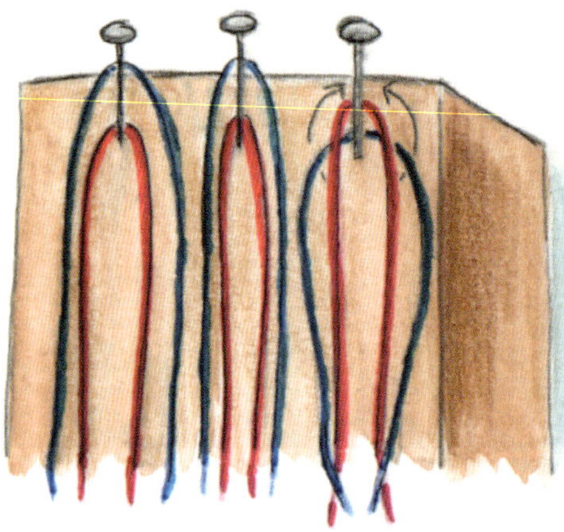

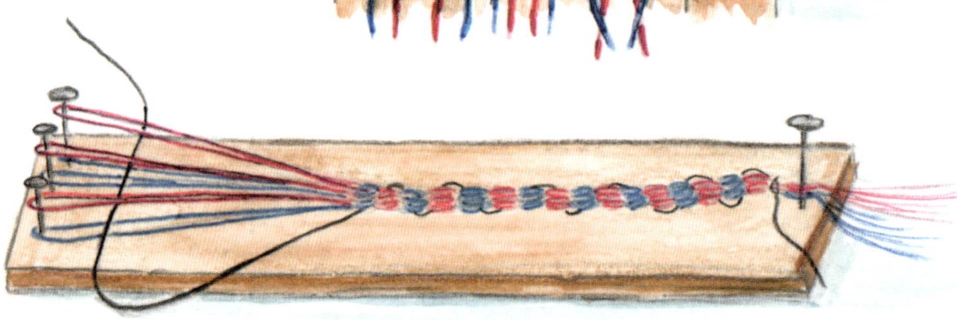

Kinder stark machen, Nein zu sagen

Kinder brauchen Ermutigungen, Nein zu sagen, wenn sie spüren, dass etwas gefährlich ist oder ihnen nicht guttut und andere sie dazu überreden wollen. Ein Kind stark für seine eigenen Empfindungen zu machen, gibt ihm Zutrauen in seine Fähigkeiten, stärkt die Selbstbehauptung und vermittelt ihm Schutz und Sicherheit. Es muss wissen, dass es sich wehren kann und darf. Es darf auch mal Nein sagen, sich klar abgrenzen und seinen Gefühlen vertrauen. Jedes Kind muss wissen, dass sein Körper ihm ganz alleine gehört und niemand darüber verfügen darf.

Carolin sagt endlich Nein

Die Spielleitung erzählt den Kindern eine Geschichte vom Neinsagen. Dazwischen spricht sie mit den Kindern über die einzelnen Situationen und die damit verbundenen Gefühle.

Carolin ist ein sehr ruhiges und liebes Mädchen. Sie tut immer das, was andere von ihr erwarten und zu ihr sagen. Dabei würde Carolin manchmal am liebsten „Nein“ sagen, doch sie traut sich nicht. Manchmal hat Carolin ein ungutes Gefühl dabei, doch sie macht es trotzdem, um andere nicht zu enttäuschen.
Im Kindergarten wird sie manchmal von den größeren Kindern herumgetragen, weil sie noch so klein, süß und zierlich ist. Oft wird sie wie ein Baby behandelt und von den Größeren bemuttert. Einerseits findet sie es zwar schön, bei den Großen im Mittelpunkt zu stehen und umsorgt zu werden. Doch manchmal ist es ihr einfach zu viel und sie denkt: „Ich bin doch selbst schon groß, nein, ich will das nicht, ich kann das alleine.“ Doch Carolin traut sich einfach nicht, es den Kindern zu sagen, denn sie hat Angst, dass sie dann vielleicht nicht mehr mit ihr spielen.

Gespräch: Wie fühlt sich Carolin? Wie würdet ihr euch fühlen? Warum traut sie sich nicht, Nein zu sagen? Wie würdet ihr euch in Carolins Situation verhalten? Wäre es schlimm, wenn Carolin Nein sagen würde? Was glaubt ihr: Würden die großen Kinder dann nicht mehr mit Carolin spielen?

Weil Carolin so leise und ruhig ist, wird sie aber auch manchmal von den anderen Kindern einfach übersehen, z. B. als sie neulich in der Bauecke war. Carolin baute gerade einen Turm aus Bauklötzen, es fehlten nur noch ein paar Steine, bis er fertig war. Doch dann kamen Felix und Anna in die Bauecke und beschlagnahmten die ganze Kiste mit den Bauklötzen, ohne Carolin zu beachten und daran zu denken, dass sie auch noch gerne ein paar Klötze für ihren Turm hätte. Sie nahmen alle Bauklötze an sich und Carolin konnte ihren Turm nicht zu Ende bauen. Carolin traute sich einfach nicht zu sagen: „Stopp, die Bauklötze gehören nicht alle euch alleine, ich brauche für meinen Turm auch noch welche!“

Gespräch: Warum kann Carolin ihren Turm nicht zu Ende bauen? Was müsste sie tun, um ihren Turm fertig bauen zu können? Was glaubt ihr: Würden die anderen Kinder ihr von den Bauklötzen etwas abgeben? – Vielleicht ist ihnen gar nicht bewusst, dass Carolin noch Bauklötze braucht.

Manchmal ergeht es Carolin auch so, wenn ihre Oma zu Besuch ist. Carolin hat ihre Oma sehr lieb, sie ist die beste Oma der Welt und sie freut sich riesig, wenn sie kommt, denn Oma kann so tolle Märchen erzählen. Doch was Carolin manchmal überhaupt nicht mag: wenn Oma sie ganz fest an sich drückt und ihr einen dicken Schmatz auf den Mund gibt. Aber Carolin lässt es über sich ergehen, weil sie Oma nicht verletzen möchte, obwohl ihr Gefühl sagt: „Nein, ich mag das nicht“, und sie die Küsse als unangenehm empfindet.

Gespräch: Was mag Carolin nicht, wenn Oma zu Besuch ist? Warum sagt Carolin Oma nicht einfach, was sie nicht mag? Glaubt ihr, Oma wäre von Carolin enttäuscht, wenn sie ihr sagen würde, dass sie heute keine Küsse mag?

Heute spielt Carolin mit ihren Freunden Mia und Paul in der Puppenecke. Carolin nimmt eine Puppe auf den Arm und spielt die Mama. Da sagt Mia: „Du kannst nicht die Mama sein, ich bin schon die Mama. Ich spiel doch immer die Mama. Außerdem bist du noch viel kleiner als ich. Sonst spielst du doch auch immer unseren Hund." Carolin wird es ganz komisch im Bauch, immer soll sie das spielen, was die anderen wollen, nie darf sie die Mama sein, nur weil die anderen größer sind, dabei ist sie selber schon fast fünf. Ganz tief in ihr drin hört sie ein ganz leises Nein: „Nein, ich möchte die Mama sein." Doch es ist so leise, dass es keiner mitkriegt. So kommt es, dass Mia ihr einfach die Puppe vom Arm nimmt und die Rolle der Mama übernimmt. Paul spielt den Vater und Carolin bleibt nichts anderes übrig, als ein Haustier zu sein, wie sonst auch immer.
Carolin macht es heute gar keinen Spaß, immer dasselbe! Sie hat überhaupt keine Lust mehr, in der Puppenecke zu spielen.

Gespräch: Warum ist Carolin so lustlos? Wie würdet ihr euch fühlen? Was würdet ihr an Carolins Stelle tun?

Da fragt Paul Carolin auf einmal: „Was ist denn los, du spielst heute gar nicht richtig mit!"
Jetzt merkt Carolin, wie ihr die Tränen über die Wangen laufen, sie fühlt sich plötzlich so traurig. Ganz leise flüstert sie: „Ich will auch mal die Mama sein, immer muss ich der Hund sein." „Warum sagt du es dann nicht einfach?", fragt Paul, „Dann spiel ich halt heute mal den Hund und du bist die Mama!" „Na gut, dann bin ich heute der Papa!", meint Mia und gibt Carolin das Baby, das sie gerade frisch gewickelt hat. „Wirklich?", fragt Carolin vorsichtig. „Seid ihr denn gar nicht böse mit mir?" „Nein", antworten Mia und Paul. Und so kommt es, dass Carolin endlich die Mama spielen darf. Sie bereitet ein leckeres Essen zu und deckt den Tisch mit einer schönen Decke, Tellern, Besteck und Bechern. „Toll!", ruft Mia, die sich als Papa an den Tisch setzt. Der Hund Paul hüpft vergnügt an Carolin hoch und freut sich über das Futter im Hundenapf, sogar daran hat Carolin gedacht. Paul macht es riesigen Spaß, den Hund zu spielen. Er wird von Herrchen und Frauchen liebevoll gestreichelt und macht die tollsten Männchen vor Freude. Auch Mia findet es super, einmal eine andere Rolle zu spielen, und Carolin ist so glücklich, endlich einmal die Mama zu sein.
Am nächsten Tag fragt Mia Carolin in der Puppenecke: „Spielst du unseren Hund?" „Nein", antwortet Carolin laut und deutlich, „ich möchte gerne die Mama sein." Carolin fühlt sich plötzlich so groß, stark und mutig. „Okay", meint Mia, „dann bin ich heute der Hund und du sorgst dich um mich." „Gern", lächelt Carolin. An den anderen Tagen macht es Carolin nun gar nichts mehr aus, ein Haustier zu sein, denn sie weiß jetzt, sie muss nicht immer das spielen, was die anderen wollen. Sie kann jetzt laut und deutlich Nein sagen und sagen, was sie möchte und was nicht.

Gespräch: Warum fällt es Carolin schwer, Nein zu sagen? Wie fühlt sich Carolin in der Rolle als Mama? Wie finden es die anderen Kinder, dass Carolin heute die Mama ist? Wie fühlt sich Carolin, nachdem sie sich getraut hat, Nein zu sagen?

Ich sag Nein

Gespräch: Was mag ich nicht? Was gefällt mir nicht? Was tut mir nicht gut? – Die Spielleitung erarbeitet mit den Kindern, wann sie ganz klar Nein sagen dürfen. Sie ermutigt sie, es laut und deutlich zu sagen. Einzelne Szenen können mit den Kindern nachgespielt werden. Ein Kind spielt beispielsweise einen Fremden und fragt ein anderes, ob es mit ihm mitkommen möchte, doch dieses antwortet klar und deutlich Nein. Oder ein Kind bekommt ein Kuscheltier geschenkt und ein anderes versucht, es ihm wegzunehmen. Auch hier sagt das Kind laut Nein.

„Dazu sagen wir Nein"-Plakat: Gemeinsam halten die Kinder nun auf einem Plakat fest, was ihnen nicht gefällt – wo es wichtig und gut ist, Nein zu sagen. Sie malen einzelne Szenen auf oder spielen sie nach und fotografieren sie. Die Bilder/Fotos werden dann auf das Plakat geklebt und für alle sichtbar im Raum aufgehängt.

- Wir gehen nicht mit Fremden mit, auch nicht, wenn sie mit Süßigkeiten locken oder etwas Schönes versprechen.
- Wir grenzen keinen aus und machen uns nicht über andere lustig.
- Wir lachen niemanden aus, wenn er etwas nicht kann.
- Wir lassen uns zu nichts überreden, was wir nicht für richtig halten oder wo wir ein ungutes Gefühl haben.
- Wir wollen nicht mit Schimpfwörtern beschimpft oder geärgert werden.
- Konflikte lösen wir nicht mit Gewalt durch Hauen, Schubsen oder Stoßen, sondern mit Worten.
- Unser Körper gehört uns ganz alleine und wir entscheiden selbst darüber, was uns gefällt und was nicht.
- Wir lassen unsere Wut nicht an anderen aus.
- Wir zerstören keine Materialien, sondern gehen mit dem eigenen oder fremdem Eigentum achtsam um.

Nein, nein, nein, ich bin stark und ich sag Nein

Melodie: A, a, a, der Winter, der ist da

Nein, nein, nein, ich bin stark und ich sag Nein.
Hält ein Fremder an der Straße,
fragt mich: „Willst du mit mir fahren?"
Nein, nein, nein, ich sag ganz einfach: „Nein."

Nein, nein, nein, ich bin stark und ich sag Nein.
Ich weiß, die Oma hat mich gern,
doch ihre Küsse mag ich nicht so gern.
Nein, nein, nein, ich sag ganz einfach: „Nein."

Nein, nein, nein, ich bin stark und ich sag Nein.
Will mich jemand überreden,
eine Gefahr zu begehen.
Nein, nein, nein, ich sag ganz einfach: „Nein."

Nein, nein, nein, ich bin stark und ich sag Nein.
Grenzen andre jemand aus
oder lachen einen aus.
Nein, nein, nein, ich sag ganz einfach: „Nein."

Nein, nein, nein, ich bin stark und ich sag Nein.
Ärgert jemand, ist gemein,
sag ich einfach: „Lass das sein!"
Nein, nein, nein, ich sag ganz einfach: „Nein."

Sich darstellen und ausdrücken – Rollenspiele, Theater, Musik, Tanz und Kunst

Durch Rollenspiele, Theater, Musik und Kunst können die Kinder schöpferisch tätig werden und sich mit Mimik, Gestik und Stimme ausdrücken. Sie können sich mit sich selbst, ihren Spielpartnern und ihrer Umgebung auseinandersetzen. Die Persönlichkeitsentwicklung wird dadurch gefördert. Sie erleben Freude und Bestätigung in ihrem eigenen Körper, können sich entfalten, ausprobieren und viele Fähigkeiten an sich entdecken.

Gefühlspantomime

Material: Gefühlsbilder (Kopiervorlagen im Anhang)

Die Kinder sitzen im Kreis. Die Gefühlsbilder werden für alle sichtbar platziert. (Sie unterstützen die Kinder dabei, ein Gefühl auszuwählen und darzustellen.) Ein Kind beginnt, geht in die Mitte und versucht, ein Gefühl ohne Geräusche darzustellen, z. B. zittern vor Angst, die Arme über der Brust verschränken und die Mundwinkel beleidigt nach unten ziehen oder sich klein machen und pantomimisch die Tränen von den Augen wischen usw. Die anderen Kinder raten, um welches Gefühl es sich handelt – traurig, fröhlich, wütend, beleidigt, müde oder ängstlich? Wird das Gefühl erraten, ist ein anderes Kind an der Reihe, das nun versucht, ein Gefühl darzustellen.

Schattentheater

Ganzkörperliche Schattenspiele sind bei Kindern beliebt. Sind die Kinder erst einmal mit dem Schattenspiel vertraut, finden sie schnell eigene Ideen und Improvisationen und lernen, ihr Schattenspiel durch eine eindrucksvolle Körpersprache zu unterstreichen.

Material: weißes Leintuch, Schnur, Wäscheklammern, Lampe oder Projektor

Eine Schnur im Raum spannen und das Leintuch daran mit den Wäscheklammern befestigen. Eine Lampe oder einen Projektor an die Wand gegenüber stellen, sodass das Licht direkt auf das Tuch fällt. Die zuschauenden Kinder sitzen auf der anderen Seite des Leintuches. Ein Kind denkt sich ein Gefühl aus und stellt sich direkt ins Licht. Die anderen können nun nur seinen Schatten auf dem weißen Tuch sehen. Das Kind hinter dem Tuch versucht, das ausgedachte Gefühl mit seinem Körper darzustellen, z. B. vor Freude hüpfen, wütend mit dem Fuß aufstampfen, schmollend auf dem Boden sitzen …

Hinweis: Die Kinder sind im Schattenbild besonders gut erkennbar, wenn sie in klarer Profilansicht erscheinen.

Varianten: Die Kinder können sich auch zu zweit eine Szene oder Alltagssituation wie z. B. fröhlich tanzende Kinder, einen Streit oder gemeinsames Essen ausdenken und sie den anderen vorspielen. Die anderen müssen nun erraten, was die Kinder gerade gemeinsam machen. Besonders viel Freude haben die Kinder daran, einen Freund nur an der Silhouette zu erraten. Gerne ahmen die Kinder auch Bewegungen und Haltungen von verschiedenen Tieren nach, z. B. eine schleichende Katze oder einen hüpfenden Hasen (Kind hüpft in der Hocke, die nach oben gestreckten Hände bilden die Ohren), im Schattenriss ist die Wirkung ganz erstaunlich.

Rollenspiele

Rollenspiele gehören im Freispiel zu den beliebtesten Spielen der Kinder. Durch Rollenspiele können Kinder Erlebnisse darstellen und verarbeiten. Sie können Lösungsmöglichkeiten finden und Ängste abbauen. Im Spiel lernen die Kinder, sich in andere einzufühlen. Sie schlüpfen in verschiedene Rollen, mal Mutter, Vater, Kind, Polizist, Prinzessin usw. Verschiedene Sichtweisen werden eingenommen und sie entwickeln kommunikative und soziale Kompetenzen.

Verkleidungskiste/-ecke: Während des Rollenspiels lieben die Kinder es, sich zu verkleiden. Hierfür können ihnen ausrangierte Kleidungsstücke wie Hemden, Kleider, Jacken, Westen oder Stöckelschuhe in einer Kiste, an einer Kleiderstange oder einem Regal im Rollenspielbereich angeboten werden. Auch Accessoires wie Handtaschen, Ketten, Uhren, Hüte, Brillen und Tücher stehen bei den Kindern sehr hoch im Kurs.

Ein großer Spiegel ermöglicht es ihnen, sich in den unterschiedlichsten Rollen zu betrachten.

Sie haben Spaß daran, ihre Mimik zu erproben und im Spiegelbild zu erforschen. Requisiten erleichtern Kindern den Einstieg in ein Rollenspiel. Doch hier bedarf es gar nicht viel. Kinder finden immer irgendetwas, das man mit etwas Fantasie zum benötigten Gegenstand „umfunktionieren“ kann. Die Spielwarenindustrie bietet eine Menge „echt“ wirkender Requisiten wie Toaster, Waschmaschine und sämtliche Puppenausstattungen an. Doch zum Spielen brauchen die Kinder gar nicht viel, denn sie stecken noch voller Fantasie. Besonders in der freien Natur werden sie kreativ. So wird im Rollenspiel ein abgesägter Baumstamm zum Tisch, große Steine werden zu Tellern und Blätter und Gras zu einer leckeren Speise.

Der ängstliche große Bär und die mutige kleine Maus

Darstellungs- und Rollenspiele sind eine gute Möglichkeit, über seine Grenzen hinauszuwachsen und aus sich herauszugehen.

Die Spielleitung erzählt den Kindern eine Geschichte von einem ängstlichen Bären und einer mutigen Maus, die Freundschaft schließen. Gerne lassen sich die Kinder vom Lied der Maus anstecken und singen mit Freude mit. Wenn die Geschichte hinlänglich bekannt ist, spielen die Kinder das Geschehen nach. Hierfür werden die Rollen gemeinsam ausgewählt. Ein Kind spielt die mutige Maus, eines den großen Bären und die anderen werden zu Mäusen, Hasen und Rehen. Durch das Nachspielen können die Kinder sich in die Tiere einfühlen und Parallelen zum eigenen Alltag/Leben finden. Sie erfahren, dass Vorurteile nicht gerechtfertigt sind und dass es für Probleme eine Lösung gibt. Utensilien wie Tierohren und -schwänzchen können hierfür vorab mit den Kindern gebastelt werden. Kinder lieben Verkleidungen und können sich so besser mit der Rolle identifizieren.

Es war einmal ein großer, starker Bär, der tapste mit seinen schweren Tatzen im Wald umher. Fast alle Tiere hatten Angst vor ihm, denn er war viel größer als sie und sein tiefes Brummen erschreckte sie. Die Rehe, Hasen und Mäuse suchten schnell das Weite, wenn er nur in ihre Nähe kam. „Hilfe, Hilfe, der Bär!“, riefen die Tiere ängstlich und rannten schnell davon.

Dabei war der Bär ein ganz Friedlicher und Lieber und tat keinem etwas zuleide. Er konnte gar nicht verstehen, warum alle Tiere sich vor ihm fürchteten. Er hätte so gerne einen Freund gehabt. So kam es, dass der Bär sich immer einsamer fühlte und sehr traurig wurde. Das machte ihn mutlos und ängstlich. Er traute sich kaum noch aus seiner Bärenhöhle, aus Angst, die anderen Tiere könnten schnell davonrennen und ihn meiden.

Nur die kleine Maus hatte keine Angst vor dem Bären. Sie war die Kleinste von allen, doch das störte sie kaum, denn sie war neugierig und mutig. Zu gern hätte sie in der Nähe der Bärenhöhle gespielt, denn hier gab es die tollsten Verstecke. Aber keiner wollte dort mit ihr spielen, alle hatten sie Angst vor dem Bären und warnten sie: „Kleine Maus, nimm dich vor dem Bären in Acht, er kann dich mit einem Taps zertreten." „Ach was", sagte die Maus, „was will der mir schon antun, wenn er mir zu nahe kommt, verkrieche ich mich schnell in ein Mauseloch, da kommt er nicht hinein." Und fröhlich trällerte sie ihr Lied:

Melodie: Brüderchen, komm, tanz mit mir

Ich bin klein, ich bin 'ne Maus,
gehe in die Welt hinaus,
hab keine Angst, ich fürcht mich kaum,
denn ich bin mutig und auch schlau.

Die Maus selbst war dem Bären nie begegnet. Sie kannte ihn nur aus den Erzählungen der anderen Tiere. Neugierig, wie sie war, wollte sie doch zu gern das gefürchtete Tier einmal selbst sehen. Und so machte sich die kleine Maus eines Tages mutig und entschlossen auf den Weg zur Bärenhöhle. Die Rehe riefen schon von Weitem: „Bleib hier, kleine Maus, du begibst dich in große Gefahr!" Doch die Maus kümmerte sich nicht darum und lief weiter des Weges und sang dabei ihr Lied: „Ich bin klein, ich bin 'ne Maus ..."
Auch die Hasen hüpften besorgt herbei und riefen: „Halt, bleib hier, kleine Maus, hier beginnt das Reich des Bären!" „Nein", dachte die Maus, „ich gehe weiter", und sang mutig ihr Lied: „Ich bin klein, ich bin 'ne Maus ..."
Die anderen Mäuse sprangen ihr ein Stück hinterher und riefen ganz aufgeregt: „Kleine Maus, nimm dich in Acht vor dem Bären!" „Ja, das werde ich tun, seid unbesorgt, ich pass schon auf mich auf!", antwortete die Maus, und singend lief sie weiter des Weges: „Ich bin klein, ich bin 'ne Maus ..."
Bis sie vor der Bärenhöhle stand. Vorsichtig spitzte sie hinein – und was sah sie da? Einen großen Bären, der tief und fest schlummerte. „So gefährlich sieht er doch gar nicht aus", dachte die Maus bei sich. „Er hat genauso ein braunes Fell wie ich und zwei kleine runde Ohren. Er ist nur viel, viel größer." „Piep", machte vorsichtig die kleine Maus. Erschrocken sprang der Bär mit einem Satz auf und versteckte sich hinter einer Felswand. Da musste die Maus laut lachen. Vorsichtig tapste der Bär wieder hervor – und was sah er da?
Eine kleine Maus, die war so klein, sogar kleiner als seine Tatze. „Fürchtest du dich denn gar nicht vor mir?", fragte der Bär die Maus mit ruhiger Stimme. „Nein", sagte die Maus entschlossener denn je und trällerte fröhlich ihr Lied: „Ich bin klein, ich bin 'ne Maus ..."
Das freute den Bären so sehr, dass er die Maus fragte: „Ich bin so einsam und hätte gerne einen Freund, doch alle Tiere haben Angst vor mir. Nur du nicht, du bist anders. Möchtest du denn gerne mein Freund werden?" „Klar, warum denn nicht? Aber nur, wenn du mich nicht mit deinen großen Tatzen zertrittst!", gab die Maus frech zur Antwort.
Und so kam es, dass man von nun an die Maus und den Bären gemeinsam fröhlich durch den Wald streifen sah. Endlich konnte sich der Bär wieder frei bewegen, denn auch die anderen Tiere hatten nun keine Angst mehr vor dem großen Tier. Jetzt wussten auch sie, dass er ein ganz Lieber war.

Lukas im Kindergarten

Kinder lieben Handpuppenspiele. Sie können sich mit den Figuren identifizieren, sich in ihre Gefühlslage hineinversetzen und werden spielend miteinbezogen. Ein Puppentheater regt zum Selberspielen an. Manche Kinder spielen gleich drauflos, andere schauen zunächst lieber zu und wagen sich erst nach ausgiebiger Beobachtung ans eigene Spiel.

Material: Lea, Lukas und Maike (Handpuppen), Tisch (umgedrehte Kiste), Malpapier, Farbstifte, Papierkorb (kleiner Eimer), Kleber

Das Puppenspiel kann den Kindern auf einem Tisch als Tischtheater präsentiert werden. Die Spielleitung spielt mit den Handpuppen zur Geschichte. Dabei bewegt sie die Puppen entsprechend und bezieht die Zuschauer während des Spiels mit ein. Im Laufe der Geschichte stellt sie als Maltisch eine umgedrehte Kiste auf und malt mit den Puppen ein Bild zur Geschichte.

Das ist Lukas. Er ist ein Kindergartenkind, genau wie ihr.
„Hallo, Kinder, ich bin Lukas, mir geht es heute richtig gut. Wie geht es euch heute?
Ich freue mich, weil ich heute mit meiner Freundin Lea in den Kindergarten gehen darf. Ich gehe gern in den Kindergarten, denn hier kann man tolle Sachen spielen. Geht ihr auch gerne in den Kindergarten?
Was spielt ihr denn da so alles?
Was gefällt euch denn besonders im Kindergarten?
Ich schaue mir am liebsten mit Lea die großen Bilderbücher an. Manchmal erfinden wir gemeinsam zu den großen bunt gemalten Bildern Geschichten und dann ist es beinahe so, als ob wir sie selbst lesen würden.“
Lukas freut sich auf den Kindergarten, und da kommt auch schon seine Freundin ***Lea****, aber die sieht heute nicht gerade glücklich aus.*
„Hallo, Lea, was ist denn mit dir los, geht es dir nicht gut?“, fragt Lukas Lea.
„Ach, Lukas, ich fühl mich heute gar nicht gut, ich bin noch so müde“, antwortet Lea.
„Oh, das ist aber schade. Komm, wir springen ein wenig, vielleicht geht es dir dann wieder besser und du wirst davon richtig wach“, versucht Lukas Lea aufzuheitern und reicht ihr die Hand. Gemeinsam springen die beiden Kinder umher und nach einer Weile sagt Lea:
„Ja, jetzt geht es mir schon viel besser.“

Jetzt sind ***Lea*** *und* ***Lukas*** *im Kindergarten und malen am* ***Maltisch*** *mit* ***bunten Stiften*** *ein* ***Bild****.*
Da kommt ***Maike*** *am Maltisch vorbei und sagt zu Lukas: „Was soll denn das werden? Das sieht aber nicht besonders schön aus.“*
Lukas ist darüber so verärgert, dass er sein gemaltes Bild einfach zerknüllt und in den ***Papierkorb*** *wirft. „Ach, ich kann ja doch nicht malen!“, sagt er leise und wird ganz traurig. „Doch“, sagt Lea, „Maike war gemein zu dir, mir hat dein Bild gefallen. Und außerdem war es noch gar nicht fertig!“, tröstet sie Lukas. „Komm, lass uns gemeinsam ein Bild malen, das macht bestimmt Spaß!“ Und so* ***kleben*** *die beiden* ***zwei Papierblätter*** *zu einem großen zusammen und malen nun gemeinsam ein Bild. Zusammen haben sie die besten Einfälle.* ***Lea*** *malt ein Haus und* ***Lukas*** *einen großen Baum, dann kommen noch Blumen, eine Sonne und bunte Schmetterlinge hinzu. Als das Bild fertig ist, sind die beiden ganz glücklich und begeistert. „Toll“, sagen die beiden, „jetzt ist unser Bild wirklich schön geworden!“*
Schaut, jetzt zeigen die beiden euch ihr schönes Bild.
„Gefällt euch unser Bild?“
„Wenn ihr Lust habt, dann malt doch einfach auch ein Bild! Bestimmt wird es genauso schön werden wie unseres.“

Anregung: Die Spielleitung beginnt, eine Szene mit den Handpuppen zu spielen, und lässt die Kinder die Situation weiterspinnen. Sie entwickelt beispielsweise mit den Handpuppen einen Streit: Lukas und Lea spielen mit Autos, jeder der beiden möchte aber mit dem roten Auto fahren. Die Spielleitung unterbricht das Spiel und die Kinder suchen gemeinsam nach Lösungsmöglichkeiten für den Streit. Wer mag, darf die Szene mit den Puppen weiterspielen: Lukas und Lea wechseln sich ab, sodass jeder einmal mit dem roten Auto fahren darf, oder sie einigen sich darauf, wer mit dem roten Auto fahren darf, oder sie spielen etwas anderes ...

Hinweis: Auch während des Freispiels lieben es die Kinder, selbst mit Handpuppen aktiv zu werden und Alltagssituationen nachzuspielen.

Stockpuppen

Nicht nur die Herstellung macht den Kindern Freude und lässt sie kreativ werden, sondern auch das Spielen mit den selbst gebastelten Stockpuppen. Diese lassen sich leicht für die Kinder am Stab führen.

Material: 30 bis 45 cm lange Stöcke (z. B. von Haselnussruten), alte Zeitungen, Kreppklebeband, dickflüssiger Tapetenkleister, weißes Seiden- oder Butterbrotpapier, Acrylfarbe, Pinsel, Stoffreste, Stoffbänder, Wolle/Märchenwolle/Fellstücke, Chenilledraht (Pfeifenputzer), Holzperlen, Scheren, Klebstoff, Nadeln und Faden, Malkittel; evtl. Wackelaugen, Knöpfe, Tonkartonreste

Die Kinder knüllen einen Bogen Zeitungspapier zu einer Kugel als Kopf fest zusammen. Diesen auf den Stock setzen und mit Kreppklebeband an den Stock kleben. Zeitungspapier in lange dünne Streifen reißen. Diese mit Kleister über die Kugel und an den Stock kleben, sodass ein richtiger Kopf entsteht. Ohren, Nase, Mund mit kleinen Zeitungspapierstücken und Kleister modellieren und mit Zeitungspapierstreifen anbandagieren. Als letzte Schicht empfiehlt sich, weißes Seidenpapier in kleine Streifen oder Stücke zu reißen und den ganzen Kopf damit zu bekleben (erleichtert später das Anmalen). Den Kopf mehrere Tage gut austrocknen lassen. Dann bemalen die Kinder den Kopf mit Acrylfarbe in der gewünschten Hautfarbe. Sobald die Farbe getrocknet ist, können sie Augen, Mund und Bäckchen aufmalen. Als Augen können auch Wackelaugen aufgeklebt werden.

Als Haare schneiden die Kinder viele Wollfäden in gewünschter Länge zu. Diese in der Mitte zusammenbinden und anschließend die Wollperücke auf den Kopf kleben. Eine beliebige Frisur können die Kinder auch mit Märchenwolle oder Fellresten auf den Kopf kleben. Augenbrauen können aufgemalt oder mit Wolle aufgeklebt werden.

Für das Gewand wird ein ca. 35 cm breites und 60 cm langes Stoffrechteck benötigt. In dieses in der Mitte ein kleines Kreuz schneiden, den Stab durchstecken und direkt unter dem Kopf mit einem Stoffband festbinden. Für die Arme zwei Chenilledrähte miteinander zu einem verzwirbeln (so erhält man mehr Stabilität). Diesen in der Mitte unter dem Kleid direkt am Hals um den Stab biegen, sodass zwei Arme entstehen, die an beiden Seiten des Kleides herausschauen. An beiden Enden eine Holzperle als Hände befestigen. Mit ein paar Stichen die beiden Stoffhälften an beiden Seiten unterhalb der Arme aneinandernähen oder mit einem Vorstich in Taillenhöhe einen Wollfaden je durch den vorderen und hinteren Stoff ziehen (dadurch kann der Stoff in der Taille gerafft werden). Die Fadenenden an beiden Seiten miteinander verknoten (hierbei benötigen die Kinder Hilfestellung). Die Kinder können ihre Stockpuppen noch beliebig ausgestalten, z. B. eine Krone aus Tonkarton schneiden und am Kopf befestigen, Knöpfe ans Gewand nähen ... Und schon kann mit den Puppen gespielt werden.

Emotionsbewegungstheater

Die Kinder tauchen gemeinsam in eine Welt wundervoller Bilder ein und drücken die entstandenen Stimmungen und Emotionen mit ihrem Körper aus.

Material: weiße Kleidung oder Leinengewänder (Leinentücher passend zur Größe der Kinder zuschneiden. In der Mitte ein Loch für den Kopf schneiden, breitseitig zur Mitte falten, auf beiden Seiten der Öffnung zusammennähen und oben eine große Lücke für die Arme frei lassen), helle Wand, Projektor und digitale Landschaftsfotos oder Diaprojektor und Diabilder (Landschaftsbilder), ruhige, impulsive und stimmungsvolle Instrumentalmusik

Für das Emotionsbewegungstheater wird der Raum abgedunkelt und es wird eine helle freie Wand benötigt. Die Kinder tragen weiße Kleider oder Gewänder und bewegen sich vor ausdrucksstarken Naturfotos/Bildern (Gewässer, Sonne, Gewitter, Blumenwiese, Wald usw.), die mit einem Projektor an eine Wand gebeamt werden. Die Farben der Bilder übertragen sich auf die Gewänder. Die Kinder lassen die Stimmungen der Bilder auf sich wirken und bewegen sich dazu. Passende instrumentale Musik unterstützt die Kinder dabei, sich in ihrer Bewegung auszudrücken. Die Spielleitung wählt geeignete Fotos/Bilder für das Theater aus. Zuvor spricht sie mit den Kindern über jedes einzelne Bild, wie es auf sie wirkt, was sie dabei empfinden. Die Kinder benötigen ausreichend Zeit, sich zur Musik und dem jeweiligen Bild zu bewegen und gemeinsam Bewegungen zu finden, bevor das nächste Bild projiziert wird. Gemeinsam halten die Kinder die Bewegungen für jedes einzelne Bild fest. Es entsteht ein fortlaufender Wechsel von verschiedenen Bildern und dazugehörigen Musikteilen, die mit passenden Bewegungen ausgeschmückt werden.

Beispiele für einzelne Bewegungsszenen:

- Ruhe und Gelassenheit: stilles Gewässer, Wolkenhimmel (ruhige Instrumentalmusik) – Die Bewegungen sind ruhig und langsam.
- Kraft und Wärme: Sonnenaufgang, Sonnenuntergang (klangvolle Instrumentalmusik) – Einen Kreis bilden und gemeinsam im Kreis tanzen.
- Freude und Ausgelassenheit: farbenprächtige Bilder – Lavendelfeld, Sonnenblumen, Mohnblumen, Blumenwiese, Herbstblätterbild (stimmungsvolle Instrumentalmusik) – Fröhlich und ausgelassen tanzen.
- Wut und aufbrausend: Gewitter, tosendes Meer (impulsive Instrumentalmusik) – Springende Bewegungen
- Halt und Vertrauen: Wald, Baum (wiederkehrendes Musikstück) – Ruhige und gemeinsame Bewegungen

Anregung: Bei einer Vorführung können sich die Zuschauer von den Theaterspielern verzaubern lassen. Applaus ist garantiert, das stärkt die Kinder und macht sie stolz.

Strumpfpuppen

Für das Basteln von Strumpfpuppen lassen sich Kinder schnell begeistern. Sie können dabei selbst kreativ sein, eigene Vorstellungen umsetzen und haben viel Freude beim gemeinsamen Spielen mit den Puppen. Jede Puppe ist wie die Kinder einzigartig.

Material: alte Socken, fester Karton, Filz, Wolle/Fellreste, Knöpfe, große Perlen, Nadeln und Faden, Scheren, lösungsmittelfreier Kraftkleber

Die Kinder schneiden für den Mund ein ovales Kartonstück (aufgemalt nach Mundschablone) aus und fahren den Falz mit Bleistift/Kugelschreiber und Lineal ab, sodass er an dieser Stelle geknickt werden kann. In die Ferse einer Socke ca. 4 cm weit einschneiden, wie auf der Abbildung zu sehen. Den Kartonmund legen die Kinder in den Einschnitt der Ferse und kleben die Socke rundherum am Karton fest.

Dann schneiden sie für den Mund ein ovales Filzstück (aufgemalt nach Mundschablone) aus. Dieses in den Kartonmund kleben. Den Zehenteil der Socke wickeln die Kinder vom Kartonmund aus nach hinten zu einer Rolle.

Anschließend nähen sie den eingerollten Zehenteil hinten an der Socke als Kopf fest (jüngere Kinder benötigen hierbei Hilfestellung). Nun gestalten sie ihre Puppe mit Haaren, Augen, Nase, Zunge kreativ aus:

- Eine Zunge aus Filz ausschneiden und in den Mund kleben. Knöpfe und Filz als Augen auf die Socke kleben oder nähen. Eine Perle kann als Nase angenäht werden.
- Für die Haare kleine Fellstücke auf den Kopf kleben oder die Haare mit Wolle anfertigen.

Um das Zuschneiden der Wollhaare zu erleichtern, wickeln die Kinder die Wolle mehrmals um ein entsprechend großes Buch. So breit oder lang wie das Buch ist, sind später die Haare. Haben die Kinder die gewünschte Menge erreicht, werden alle Wollfäden auf einer Seite des Buches in der Mitte fest miteinander verknotet. Auf der anderen Seite des Buches die Wollfäden in der Mitte des Buches durchschneiden, sodass eine Haarperücke entsteht, welche die Kinder mit ein paar Stichen am Kopf der Strumpfpuppe festnähen. Und schon sind die beliebten Handpuppen fertig. Sie laden dazu ein, miteinander kleine Dialoge zu führen und miteinander zu spielen.

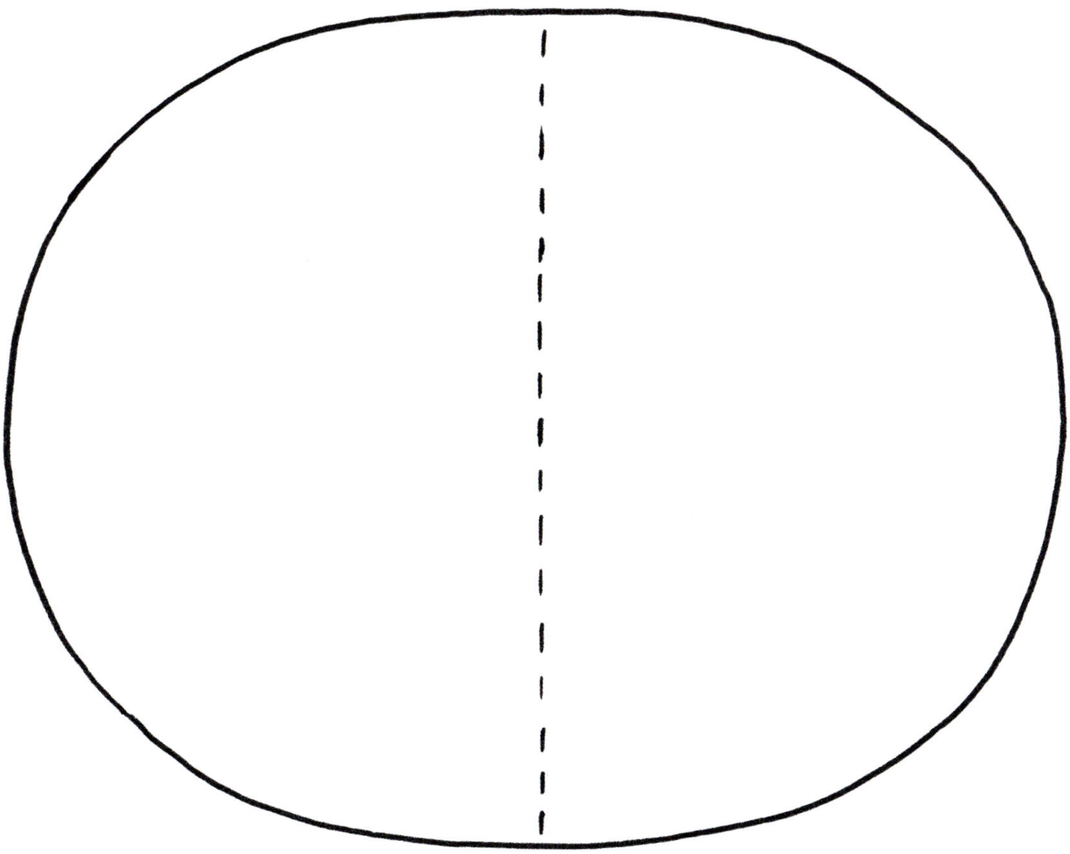

Musikalisches Handpuppenspiel

Mit den selbst gebastelten Handpuppen lässt sich zur Musik wunderbar spielen. Ein musikalisches Handpuppentheater fordert die Kinder zu einer schöpferischen Fantasie und Erlebnisfähigkeit heraus. Das Theater bietet sich als Vorführung an, z. B. für die jüngeren Kinder oder bei einem Fest. Das Gemeinschaftsgefühl wird unterstützt und der Applaus der Zuschauer ist garantiert, das stärkt das Selbstwertgefühl.

Material: großes Leinentuch oder dicker Stoff, 2 Holzlatten, Holztacker, 2 standfeste Ständer

Für die Variante: Stoff, alter großer Holzbilderrahmen, Holzlatte, 2 Holzwinkel, Schrauben

Anfertigung für ein Theater: In das Tuch ca. zehn kreuzförmige Schlitze schneiden, sodass der Kopf einer Strumpfpuppe gut durchpasst. Um das Ausfransen der Schnittflächen bei mehrmaligem Spielen zu vermeiden, sollten diese eingesäumt werden. Zum Bespielen das Tuch an beiden Seiten stramm auf die Holzlatten tackern. Die Holzlatten in jeweils einen standfesten Ständer stellen, sodass das Tuch sicher und gespannt steht.

Gemeinsames Spiel zur Musik: Zum Spielen stehen die Kinder hinter dem Leinentuch und lassen ihre Strumpfpuppen durch die Schlitze hervortreten. Zu einer passenden Liedermusik werden nun Mund- und Tanzbewegungen mit den Puppen gemacht.

Variante: Für ein kleineres Tischtheater für zwei bis drei spielende Kinder einen großen Holzbilderrahmen auf eine Holzplatte schrauben und mit Winkeln rechts und links stabilisieren – dies benötigt weniger Platz und die Kinder können es auch im Freispiel frei nutzen. Stoff in der Größe des Rahmens zuschneiden, ca. sechs kreuzförmige Schlitze zum Bespielen hineinschneiden und mit einem Holztacker hinten an dem Rahmen befestigen.

Musik als Entfaltung und Ausdruck – Musik verbindet

Die Kinder entdecken Musik als Mittel zum Ausdruck eigener Vorstellungen und Ideen, Gefühle und zur Selbstverwirklichung. Musik führt zu motorischen Reaktionen wie Bewegung und Tanzen und spricht die Sinne an, besonders den kinästhetischen und taktilen Sinn, den Gleichgewichtssinn und die auditive Wahrnehmung. Durch musikalische Aktionen erleben die Kinder sich gemeinsam in einer Gruppe. Das soziale Lernen wird zudem beim Zusammenspiel gefördert: Die Kinder müssen aufeinander hören, aufeinander eingehen und gleichzeitig eigenständig bleiben.

Unser Körper als Musikinstrument

Der Einsatz körpereigener Instrumente fördert die Körperwahrnehmung und die Koordinationsfähigkeit. Die Erprobung und Nutzung der Klangmöglichkeiten des eigenen Körpers kann durch Stampfen, Klatschen, Patschen, Schnipsen, Reiben sowie durch Zischen, Pfeifen, Schnalzen, Lippenflattern, Summen, Blasen oder Zähneklappern geschehen. Beim Klatschen können abwechslungsreiche Klangfolgen entstehen, z. B. mit flachen oder hohlen Händen, mit den Fingern, den Handflächen oder den Handrücken.

Körperinstrumentenspiel

Die Spielleitung animiert die Kinder, ihren Körper als Instrument einzusetzen: Welche Geräusche können wir mit den Händen machen? Welche mit den Füßen oder mit dem Mund? Gemeinsam komponieren die Kinder ein Stück, bei dem sie unterschiedliche „Körperinstrumente" einsetzen. Ein Kind macht eine Geräuschabfolge vor und die anderen imitieren sie anschließend, z. B. klatsch, klatsch, stampf, stampf, zweimal Zunge schnalzen ...

Körperklanggeschichte

Bei der Körperklanggeschichte werden unterschiedliche Körperinstrumente und Stimmgeräusche eingesetzt. Zusätzlich kann die Geschichte pantomimisch begleitet werden, so wirkt sie noch lebendiger.

Heute ist ein schöner Tag und wir gehen fröhlich zum See.
Mit den Handflächen rhythmisch auf die Oberschenkel klopfen.
Zum See ist es weit und es geht über einen steinigen Weg.
Rhythmisch auf die Brust klopfen.
In der Ferne zwitschern Vögel ihr schönstes Lied.
Pfeifen.
Wir kommen zum Wald und laufen durch das raschelnde Laub.
Mit den Füßen auf den Boden reiben.
Ein Specht klopft am Baum.
Fäuste aneinanderklopfen.
Es geht weiter mitten durch die Wiese durchs hohe Gras.
Hände aneinanderreiben.
Endlich sind wir am See. Fröhlich werfen wir ein paar Steine ins Wasser und beobachten, wie das Wasser spritzt.
Mit der Zunge schnalzen.
Wir entdecken Seerosen und Frösche, die dort verweilen. Ganz vorsichtig laufen wir in ihre Nähe.
Mit den Handflächen ganz leise über die Knie patschen.
Die Frösche hüpfen vergnügt umher und quaken dabei laut.
Mit den Füßen auf den Boden patschen und Quakgeräusche von sich geben.
Ganz in der Nähe schlängelt sich eine Schlange durchs Schilf.
Zischen.
Plötzlich beginnt es zu regnen.
Mit den Fingern auf die Oberschenkel tippen.
Pitsch und patsch, es regnet stärker.
Schnelles Patschen auf den Oberschenkeln.
Schnell nach Hause:

Mit den Füßen ganz schnell auf den Boden stampfen.
Durch das Gras.
Durch den Wald.
Über den Steinweg.
Und schnell ins Haus.
Alles im schnelleren Tempo mit Körperinstrumenten begleiten.
Wir sind pitsch-patsch-nass.
Auf die Oberschenkel patschen.
Und draußen, da kommt die Sonne wieder heraus und es tröpfelt nur noch ganz leicht.
Leicht mit den Fingern auf die Oberschenkel tippen.

Spiel mit Orff-Instrumenten

Material: verschiedene Orff-Instrumente (Trommeln, Rasseln, Triangeln, Glockenspiel, Metallophon, Holzblocktrommeln, Schellen, Klanghölzer), Gefühlsbilder (Kopiervorlagen im Anhang), Landschaftsbilder

Mit verschiedenen Orff-Instrumenten können die Kinder themenbezogen improvisieren. Sie stellen Gefühle durch Musik dar oder spielen zu einem Bild oder einer Geschichte. Dabei werden Emotionen und Stimmungen mit Orff-Instrumenten verklanglicht (leises, zaghaftes, lautes, dominantes oder fröhliches, ausgelassenes Spielen/unterschiedliche Klangstärke, Klangfarbe, Klanglänge und Geräusche ...)

Wichtig ist, dass die Spielleitung den Kindern ausreichend Zeit gibt, selbst Instrumente auszuwählen und unterschiedliche Spielweisen zu finden.

Musik und Gefühle

Die Spielleitung legt nun nacheinander ein Gefühlsbild in die Mitte und die Kinder suchen gezielt Orff-Instrumenten für eine Improvisation aus. Sie probieren verschiedene Spielmöglichkeiten passend für das jeweilige Gefühl, z. B.:

- Traurig: Langsames und leises Spielen mit den Orff-Instrumenten
- Fröhlich: Auf- und abwärts geführte Glissando auf Glockenspielen und Metallophonen
- Wütend: Lautes Spielen auf verschiedenen Fellinstrumenten (Trommeln) und Gegenständen mit Schlagfläche (Klanghölzer, Holzblocktrommel)
- Beleidigt: Lustloses, zaghaftes Spielen.
- Ängstlich: Beckenschlag
- Müde: Ruhige Melodie auf dem Glockenspiel

Musik und Stimmungen

Die Spielleitung zeigt den Kindern nacheinander unterschiedliche Naturbilder. Die Kinder können zwischen verschiedenen Orff-Instrumenten wählen und spielen damit entstandene Stimmungen in unterschiedlicher Spielweise und Rhythmen. Wie hört sich der Regen an? Wie klingt der Wind? z. B.:

- Regenbild: Prasselnder und sanfter Regen – Trommelspiel mit den Fingern.
- Wald: Geheimnisvolle Welt – Triangelspiel.
- Herbstlaub: Tanz der Blätter im Herbst – Glissando auf dem Glockenspiel.
- Flusslauf: Ruhiges Gewässer oder rauschendes und tobendes Wasser – mit den Händen über eine Trommel wischen.

Der kleine Hase sucht einen Freund

Gerne spielen die Kinder auch mit Orff-Instrumenten zu einer Geschichte. Hier können sie sich als Teil einer Gruppe erleben. Sie suchen miteinander nach Ideen, sprechen sich ab und begleiten gemeinsam die Geschichte mit Klängen.

Das folgende Beispiel enthält Vorschläge für die klangliche Begleitung mit unterschiedlichen Orff-Instrumenten. Bestimmt haben die Kinder auch eigene Ideen, wie die Geschichte verklanglicht werden kann.

Es war einmal ein kleiner Hase, der nichts lieber tat, als über die Felder zu hoppeln.
Trommel.

Er fühlte sich etwas einsam, da er oft alleine war. Manchmal war er ganz traurig und ihm war oft langweilig.
Leises und langsames Trommelspiel.
Und so beschloss er eines Tages, sich einen Freund zu suchen.
Voller Eifer hoppelte er durch den Wald.
Ausgelassenes Trommelspiel.

Dort traf er ein Eichhörnchen, das so ganz alleine flink die Bäume hoch- und runterkletterte. Immer wieder kletterte es hoch und runter.
Kastagnetten.
Der Hase war ganz begeistert von dem Eichhörnchen, wie toll es klettern konnte, und beschloss, es zu fragen: „Du kannst so toll klettern, möchtest du mein Freund sein?“ „Ja!“, antwortete das Eichhörnchen und sprang vor Freude dem Hasen hinterher.
Ausgelassenes Spiel mit Kastagnetten.

Bald darauf kamen sie an einer alten Eiche vorbei. Dort sahen sie einen Specht, der mit seinem Schnabel ein Loch in den Stamm klopfte.
Klanghölzer.
Der Hase und das Eichhörnchen waren beeindruckt, wie viel Kraft so ein kleiner Specht hat, dass er es schafft, in den starken Baum ein Loch zu klopfen. Und so fragten sie ihn: „Du bist so stark, möchtest du unser Freund sein?“ „Ja“, antwortete der Specht und klopfte vor Freude mit seinem Schnabel an den Baum.
Ausgelassenes Spiel mit Klanghölzern.

Nach einer Weile hörten sie einen leisen, einsamen und etwas traurigen Klang. Er kam von einem kleinen Vogel, der ganz alleine auf dem Ast saß und ein Liedchen zwitscherte.
Leises und langsames Spiel auf dem Glockenspiel.
Eine ganze Weile lauschten die Tiere dem Gesang des Vogels. Als der kleine Vogel die Tiere erblickte, fragten sie ihn: „Du singst so wunderschön, möchtest du nicht unser Freund sein?“ „Ja, gern“, sagte der Vogel und sang vor Freude den Tieren ein Lied, das war noch schöner und hörte sich jetzt sehr fröhlich an.
Fröhliches Spiel auf dem Glockenspiel.

Als die vier Tiere so vergnügt miteinander im Wald unterwegs waren, trafen sie eine kleine Maus, die aus ihrem Mäuseloch herausschaute. Sie war schlau und mutig. Flink schlüpfte sie aus ihrem Mäuseloch zu den Tieren.
Rassel.
„Was machen denn ein Hase, ein Eichhörnchen, ein Specht und ein kleiner Vogel hier im Wald zusammen? Ihr seid doch alle ganz verschieden“, fragte sie neugierig die Tiere. „Wir sind Freunde!“, sagten der Hase, das Eichhörnchen, der Specht und der kleine Vogel, „und dass wir so verschieden sind, das stört uns überhaupt nicht!“ „Gut“, sagte die Maus, „dann möchte ich auch euer Freund sein!“, und folgte den Tieren.
Rassel.

Und so sah man nun die Freunde alle gemeinsam durch den Wald streifen, vorneweg der hoppelnde Hase, dann das springende Eichhörnchen, der hüpfende Specht und der kleine singende Vogel und zuletzt die kleine Waldmaus.
Alle Instrumente.

Jedes der Tiere war etwas ganz Besonderes und konnte etwas, was die anderen begeisterte, und genau das liebten die Tiere aneinander. Gemeinsam erlebten die Freunde so manches Abenteuer und sie waren glücklich, dass sie einander hatten.
Alle Instrumente.

Hinweis: Eine Orientierung und Hilfe können Bilder sein, auf denen die Tiere zu sehen sind. Die Kinder ordnen den Tierbildern zunächst passende Instrumente zu und verteilen dann die Rollen untereinander. Die Geräusche eines Tieres können von mehreren Kindern gespielt werden.

Bewegung zu Instrumentalmusik

Kinder bewegen sich gerne zur Musik. Tanzen und Bewegungen zur Musik bieten vielfältige individuelle Ausdrucksmöglichkeiten und tragen zur Persönlichkeitsentwicklung bei. Sie fördern die Entwicklung von Körperbewusstsein und Bewegungsgefühl.

Material: instrumentale/klassische Musik (z. B. von der CD „Eine kleine Ballettmusik – Klassische Tänze & Rhythmen für Kinder"), evtl. Chiffontücher

Vorbereitung: Die Spielleitung wählt verschiedene instrumentale/klassische Musikstücke aus: leichte rhythmische Klänge, langsame und getragene Musik, ernstere Stücke und ausgelassene und schnelle Musik. Beispiele hierfür: „Ouvertüre" von Jacques Offenbach; „Türkischer Marsch" von Mozart; „Russischer Tanz", „Spanischer Tanz", „Tanz der Zuckerfee" (aus „Der Nussknacker") und „Tanz der kleinen Schwäne" (aus „Schwanensee") von Peter Tschaikowsky; „Hummelflug" von Nikolai Rimski-Korsakow; „Säbeltanz" von Aram Khatschaturjan; „Air", „Badinerie" und „Präludium C-Dur" von Johann Sebastian Bach; „Der Karneval der Tiere" von Camille Saint-Saëns.

Zunächst geht es darum, die Musik bewusst zu hören und zu „fühlen". Wie fühlt sich die Musik für euch an? Was gefällt euch daran, was nicht? Die Empfindungen können von traurig, fröhlich, lustig, erschreckend, wütend bis ängstlich gehen.

Dann setzt die Spielleitung mit den Kindern die Stimmungen und Empfindungen der Kinder in Bewegung zur Musik um. Die Kinder lassen sich auf die Musik ein und bewegen sich frei dazu. Sie lassen sich durch die Lautstärke, das Tempo und die Rhythmen eines Musikstücks zu unterschiedlichen Bewegungsformen anregen: gehen, laufen, klatschen, drehen, springen, hüpfen, paarweise tanzen. Je nachdem, wie das Musikstück auf sie wirkt, bewegen sie sich schnell oder langsam, traurig oder fröhlich, harmonisch oder hektisch. Gerne bewegen sich die Kinder auch mit Chiffontüchern zur Musik, das verleiht dem „Tanz" einen besonderen Ausdruck.

Gespenstergeschichte – Gespenstertanz

Das Hineinschlüpfen in die Rolle eines Gespenstes ermöglicht die Identifikation mit einem unbekannten Fantasiewesen. Einmal selbst ein Gespenst zu spielen, zu tanzen und Gespenstertöne zu erzeugen, löst Spannungen und hilft, Ängste abzubauen.

Material: alte Leinentücher, Gartenvlies, Bettlaken oder Gardinen (Gardinen eignen sich besonders gut, da die Kinder hindurchsehen können, sie leicht sind, gut schweben und fliegen); Orff-Instrumente und klingende Gegenstände (Rasseldosen, Schlüsselbund), instrumentale Musik, Matten und Kissen

Zur Einstimmung erzählt die Spielleitung den Kindern eine Geschichte:

Jona ist schon 6 Jahre, doch er fühlt sich oft noch klein. Er ist ein sehr ängstlicher Junge. Immer hat er Angst. Er fürchtet sich, in den dunklen Keller zu gehen. Er traut sich nicht, am Klettergerüst bis ganz nach oben zu klettern oder über einen Graben zu springen. Wenn Jona vor einer neuen oder schwierigen Aufgabe steht, spürt er plötzlich, wie ihm heiß und kalt zugleich wird. Er ist voller Panik, sein Herz schlägt ganz laut und er würde sich am liebsten sofort in Mamas Umarmung verkriechen. Jona hat vor vielem Angst, er fürchtet sich vor Spinnen, Hunden und Katzen. Doch am meisten fürchtet er sich vor Gespenstern. Keiner hat je ein Gespenst gesehen, doch viele reden davon, wie furchterregend und unheimlich sie sind.
Jona hasst seine Angst, er fühlt sich dadurch ganz klein und sie hindert ihn, Dinge zu tun, die andere schon können. Aber die Angst ist einfach da und er weiß nicht, was er dagegen tun kann.

Eines Tages liegt Jona in seinem Bett und kann nicht schlafen. Er hört, wie die Kirchturmuhr 12 schlägt und da sieht er plötzlich eine weiße Gestalt, die in sein Zimmer schwebt. Es ist ein Gespenst, ein ganz kleines. Es beginnt leise zu kichern. Jona wird es ganz bange, er spürt plötzlich eine so große Angst wie nie zuvor. „Hiiii, hiiii, hiiii!", schallt lachend das Gespenst und zieht Jona die Bettdecke weg. Zitternd sitzt Jona da und starrt auf das Gespenst. „Hab keine Angst!", ruft es Jona zu. „Ich tu dir nichts. Komm, mach mit!", und es wirft Jona die Bettdecke zu. Da merkt Jona plötzlich, dass es ein ganz harmloses Gespenst ist, das nur mit ihm spielen möchte. Und so nimmt Jona kurz entschlossen die Bettdecke und wirft sie sich um seine Schultern, jetzt sieht er beinahe selbst wie ein Gespenst aus.

Das kleine Gespenst nimmt Jona an die Hand und gemeinsam beginnen sie zu schweben. Langsam breitet sich ein Gefühl in Jona aus, das er schon lange nicht mehr gespürt hat, eine Leichtigkeit, die er in seinem ganzen Körper fühlen kann, in den Beinen, in den Armen, im Rücken, im Bauch, ja, sogar bis in die Zehenspitzen spürt Jona plötzlich diese Leichtigkeit.
Vergnügt tanzt er mit dem kleinen Gespenst umher und die beiden machen dabei die schaurigsten Geräusche: „Huuuh, huuh, huuuh!" Jona fühlt sich auf einmal so groß und mutig. Gemeinsam schweben die beiden nach draußen. Dort springen sie über Gräben und klettern am Klettergerüst bis nach oben. Immer wieder ruft das kleine Gespenst Jona zu: „Du schaffst das!" Die beiden sind so vergnügt miteinander, dass Jona ganz vergisst, dass er eigentlich Angst davor hat.

Bald schlägt es 1 Uhr, dann ist die Geisterstunde zu Ende. Vom vielen Herumgeistern und Tanzen sind das kleine Gespenst und Jona ganz müde geworden und das kleine Gespenst verabschiedet sich schnell von Jona. Und als es ein Uhr schlägt, liegt Jona bereits in seinem Bett und schläft glücklich und zufrieden. Lange hatte er nicht mehr so viel Spaß gehabt!
Als Jona am nächsten Morgen aufwacht, fühlt er sich viel mutiger als vorher. Er kann es immer noch nicht glauben, dass er heute Nacht mit einem Gespenst getanzt und Dinge gemacht hat, die er sich sonst nie getraut hätte.
Und wenn Jona nun wieder vor etwas Angst hat, dann hört er das kleine Gespenst noch immer ganz leise in seinem Ohr flüstern: „Du schaffst das!" Und er fühlt sich gleich viel mutiger.

Gespräch: Die Spielleitung spricht mit den Kindern über die Angst. Angst ist ganz normal. Alle Menschen haben manchmal Angst, auch ich. Die Angst schützt uns davor, Dinge zu tun, die gefährlich sind, z. B. nicht ins Wasser zu gehen, wenn ich nicht schwimmen kann, oder im Straßenverkehr aufzupassen. Was macht mir Angst? Wovor habe ich Angst? Wie fühlt sich die Angst an? Was hilft mir, die Angst zu überwinden? Warum fühlt sich Jona am Ende der Geschichte mutiger?

Gespensterspiel und Tanz

Die Kinder spielen nun selbst Gespenster, die zur Geisterstunde erwachen. Sie bauen mit der Spielleitung ein gemütliches Gespensterbett mit Matten und Kissen. Mit welchem Instrument (Trommel, Becken, Klangschale) kann man die Kirchenuhr darstellen? Wenn die Uhr 12 schlägt, beginnt die Geisterstunde und die Gespenster erwachen und geistern herum, bis es 1 Uhr schlägt, dann müssen die Gespenster wieder schlafen.

Die Gespenster erzeugen schaurige Geräusche: Welche Instrumente oder Geräuschquellen eignen sich für die Geistermusik (z. B. Becken, Triangel, Rasseln, Schlüsselbund, Stimmgeräusche)? Gemeinsam spielen die Kinder mit Instrumenten, Gegenständen und ihrer Stimme eine Geistermusik und gerne singen die kleinen Gespenster auch ein Gespensterlied:

Melodie: Abc, die Katze lief im Schnee

Hu, hu, hi, Gespenster, das sind wir.
Hab keine Angst und fürcht dich nicht.
Tanz mit uns, spiel einfach mit.
Huhu, huhu, hi, Gespenster, das sind wir.

Die Gespenster machen einen Gespenstertanz: Die Kinder sitzen in Gardinen oder Bettlaken gehüllt im Gespensterbett (auf einer Matte mit Kissen). Sie sind ganz still und warten ab, bis die Spielleitung oder ein Kind auf einem Instrument 12 Uhr schlägt. Jetzt beginnt die Geisterstunde. Nach und nach steigen die Gespenster aus ihrem Bett und tanzen und bewegen sich frei zu einer instrumentalen Musik. Dabei schwingen sie ihre Gardinen oder Bettlaken um sich herum und machen mit ihrer Stimme Gespenstertöne – „Huuuh, huuuh, huuuhh" –, bis es 1 Uhr schlägt. Die Geisterstunde ist nun vorbei. Jetzt werden die Gespenster müde und gähnen. Langsam gehen die kleinen Nachtgespenster wieder zu ihrem Gespensterbett zurück und verkriechen sich darin. Sie werden ganz still, nichts ist mehr zu hören.

Hinweis: Angst ist ein notwendiges und natürliches Gefühl. Sie schützt uns manchmal vor Gefahren. Doch übertriebene Ängste können Kinder erdrücken und sie einschränken. Ängstliche Kinder brauchen Verständnis und Rückhalt, vor allem aber ermutigende Erfahrungen durch Aufgaben, die sie selbstständig lösen.

Kreativwerkstatt

Kreativität bedeutet schöpferische Kraft und Einfallsreichtum. Kinder stecken voller Ideen und werden gerne selbst kreativ, dadurch erhalten sie Erfolgserlebnisse.

Bei der Gestaltung steht vor allem die Kreativität der Kinder im Vordergrund. Kinder leben sehr gerne ihre eigenen Ideen und Fantasien aus. Sie lieben es zu experimentieren und probieren gerne Farben und verschiedene Materialien aus. Deshalb ist es wichtig, sie selbstständig und kreativ gestalten zu lassen und ihnen das nötige Material anzubieten. Um die Bastelfreude der Kinder anzuregen, können sie selbst Bastelmaterialien sammeln. Im Freispiel haben sie dann die Möglichkeit, diese beliebig zu verwenden und ihrer Fantasie freien Lauf zu lassen. Sie können schneiden, malen, kleben und Dinge zusammenfügen.

Viele Materialien lassen sich im Haushalt und in der Natur finden, diese sollten zur Orientierung in Bastelkisten sortiert werden (hierfür lassen sich Schuhkartons mit den Kindern gestalten).

Verschiedene Materialien: Küchen- und Toilettenpapierrollen, kleine Schachteln, Tapetenreste, Stoffreste, Wolle, Fellstückchen, Spitzenreste, Borten, Gardinenreste, Bänder, alte Socken, Knöpfe, Korken, Papierreste usw. Steine, Federn, Holzstückchen, leere Schneckenhäuser, Zapfen, Walnussschalen, Rinde, Blätter, Kastanien, Eicheln usw.

Das traurige Blau

Material: großes Malpapier; Wasserfarben oder Fingerfarben in den Grundfarben Rot (Magenta), Gelb, Blau (Cyanblau); Wasserglas, Pinsel, Malkittel

Die Spielleitung erzählt den Kindern eine Farbgeschichte. Dazu dürfen sie mit den darin vorkommenden Farben malen. Die Kinder haben Freude daran, die Farben lebendig werden zu lassen. Sie nehmen die verschiedenen Farben bewusst wahr und erkennen, wie durch das Mischen unterschiedliche Farben entstehen. Anschließend können die Kinder sich äußern, welches ihre Lieblingsfarben sind, und die Spielleitung kann mit den Kindern erarbeiten, dass das Spielen mit anderen (ähnlich wie beim Farbenspiel) viel bunter und einfallsreicher ist, denn jeder bringt sich ein, hat andere Ideen und gemeinsam macht alles mehr Spaß.

Es war einmal ein kleines rundes Blau. Das war sehr traurig, denn es war ganz alleine und fühlte sich so einsam.

Einen runden blauen Kreis an die Seite eines Malpapiers malen.

Und weil es so traurig war, begann es zu weinen, kleine blaue Tränen kullerten über das Blatt.

Kleine blaue Punkte an den blauen Kreis als Tränen malen.

Doch eines Tages hüpfte ein rundes Gelb vergnügt umher. Es war fröhlich und leuchtete hell und schön.

Einen runden gelben Kreis in die Mitte des Papiers malen und mit dem Pinsel die Farbe rundherum um den Kreis hüpfen lassen.

Da sah es plötzlich das kleine traurige Blau. „Warum bist du so traurig?“, fragte es das Blau. „Ach“, sagte das Blau, „weil ich so einsam bin und keinen Freund habe.“ „Du könntest mich als Freund haben!“, meinte das Gelb und strahlte

noch mehr. „Wirklich, möchtest du, dass wir Freunde werden?", fragte das Gelb. „Ja gern!", antwortete das Gelb.
Da liefen beide aufeinander zu und umarmten sich. Doch was passierte da? Plötzlich veränderten sich die Farben! An der Stelle, an der sich die beiden umarmten, leuchtete es grün.
Einen gelben und blauen Kreis malen, die sich in der Mitte schneiden, sodass hier die beiden Farben sich zu Grün vermischen.
Da freuten sich die beiden, spielten gemeinsam und liefen fröhlich umher.
Mehrere gelbe und blaue Punkte malen und mitei nander vermischen.
Bald begegneten sie einem leuchtenden Rot.
Einen Kreis mit roter Farbe auf das Papier malen.
Als das Rot das Gelb und Blau so glücklich miteinander sah, fragte es die beiden: „Darf ich mitspielen? Zu dritt könnten wir bestimmt noch viel mehr Spaß haben und die tollsten Dinge machen." – „Ja, natürlich kannst du mit uns spielen, wir freuen uns, dass so eine starke und schöne Farbe wie du mit uns spielen möchte", antworteten darauf das Gelb und das Blau.
Vor Freude tanzten sie zusammen im Kreis herum. Plötzlich verwandelten sich ihre Farben wieder. An der Stelle, wo sich das Rot mit dem Gelb berührte, leuchtete Orange. Dort, wo Rot und Blau sich berührten, entstand Lila, und Grün entstand wieder zwischen dem Gelb und Blau.
Durch die Freundschaft der Farben war nun alles viel bunter und schöner.
Die Farben, Gelb, Blau und Rot werden im Kreis nebeneinander gemalt. Dort, wo sich die Farben berühren, werden sie miteinander vermischt.

Gefühle mit Farben ausdrücken

Material: große Papierbögen oder Tapetenreste, Wasser- oder Fingerfarben, Pinsel, Malkittel, instrumentale/klassische Musik

Die Kinder beginnen, zur Musik zu malen. Dabei bestimmt der Klang die Farbe und der Rhythmus die Formen. Da die Kinder sehr offen sind, fällt es ihnen leicht, die Gefühle, die die Musik in ihnen weckt, mit Farben darzustellen. Sie versuchen, dabei auszudrücken, wie sie die Musik erleben.

Stabgesichter aus Naturmaterialien

Aus Holzscheiben und Naturmaterialien, die mit den Kindern im Wald gesammelt werden, lassen sich lustige Fantasiegesichter gestalten.

Material: Holzscheiben (Durchmesser ca. 15 cm), Stäbe, Naturmaterialien (Zapfen, Kastanien, leere Schneckenhäuser, Nussschalen, Eicheln, Blätter, Moos, Ahornsamen, Hagebutten), Leim, Handbohrer

Die Kinder bohren in eine Holzscheibe ein Loch mit einem Handbohrer und stecken anschließend einen Stab in das Loch, evtl. mit Leim festkleben. Anschließend gestalten sie beliebig mit verschiedenen Naturmaterialien ein Gesicht, das sie auf die Holzscheibe mit Leim aufkleben (Leim braucht einige Zeit, bis

er trocken ist), z. B. Kastanien als Augen, einen Zapfen oder eine Hagebutte als Nase, ein Ahornsamen als Mund und Moos als Haare. Wie wäre es noch mit einem fingergestrickten Schal um den Hals/Stab (Fingerstricken: Bastelanleitung auf Seite 55).

Figuren aus Holz

Holz ist ein vielseitiges Gestaltungsmaterial. Aus verschiedenen Holzresten gestalten die Kinder gerne Figuren mit Kopf, Bauch, Armen und Beinen.

Material: Holzreste (kleine Bretter, Platten und Latten, Holzscheiben, Dübeln, Eisstäbchen), Pappelsperrholz, Schleifpapier, Leim, Nägel, Bast oder Wolle, Scheren, Hämmer, geeignete Sägen für Kinder (Laubsägen, Handsägen, Bügelsägen), Schraubzwingen, Lappen; evtl. Handbohrer, Acrylfarbe, Pinsel und Malkittel

Zunächst beschäftigen sich die Kinder mit dem Grundgerüst des Körpers. Für den Bauch eignet sich ein größeres Holzstück. Arme, Beine, Kopf und Hals (unterschiedliche Holzplatten und -latten oder Holzscheiben) werden mit Leim und Nägeln angebracht. Für das Gesicht können die Kinder Augen, Nase, Mund und Ohren aussägen. Zuerst malen die Kinder die gewünschten Gesichtsteile auf Holz auf und sägen sie anschließend aus. Die ausgesägten Gesichtsteile schmirgeln die Kinder mit Schleifpapier an der Schneidefläche glatt. Für die Gestaltung lassen sich auch Korken und Rinde einsetzen. Danach die Gesichtsteile mit etwas Leim auf den Kopf kleben und ein wenig festdrücken. Heraustretender Leim kann mit einem Lappen weggewischt werden. Als Finger können Dübel oder abgesägte Eisstäbchen mit Leim angeklebt werden. Für die Haare eignet sich Bast oder Wolle. Hierfür mehrere Stücke in gewünschter Länge zuschneiden, in der Mitte zusammenbinden und anschließend am Kopf mit Leim befestigen. Mit einem Handbohrer können die Kinder auch oben am Kopfrand kleine Löcher bohren. Jeweils ein Stück Bast als Haare durch die Löcher ziehen und festknoten. Sobald der Leim getrocknet ist, können sie ihre Figur noch beliebig mit Farbe bemalen.

Hinweise: Für das Sägen eignet sich besonders gut dünnes Pappelsperrholz, das für Kinder leicht zu bearbeiten ist. Zum Sägen das Holz an der Werkbank oder einem alten Tisch mit Schraubzwingen fest anschrauben, sodass es nicht verrutschen kann. Bei Kurvenschnitten das Holz in die gewünschte Richtung schieben und wieder festschrauben.

Gipsbilder

Material: Spanplatten, Gipsbinden, Scheren, Wassergefäß, Plaka- oder Acrylfarbe, Pinsel, Malkittel

Von der Gipsbinde schneiden die Kinder kleine Streifen mit der Schere ab. Die Streifen tauchen sie in ein Wassergefäß, dadurch werden sie weich und lassen sich mit den Händen formen. Mit den Gipsbinden können die Kinder direkt auf die Spanplatte einen Körper, z. B. sich selbst (Kopf, Hals, Bauch, Beine, Füße, Arme und Hände), modellieren. Nach dem Trocknen wird der Gips fest und hält auf der Platte. Sobald der Gips fingertrocken ist, können die Kinder ihre gestaltete Spanplatte mit deckender Farbe bemalen.

Variante: Die Kinder formen auch gerne Motive wie Schnecke, Herz oder eigene Kreationen mit den Gipsbinden und malen anschließend ihre Bilder mit Farbe aus.

Hand- und Fußabdrücke

Dieses Gemeinschaftswerk fördert das Zusammengehörigkeitsgefühl und die Kinder freuen sich über das gelungene Werk.

Material: großflächiges Papier, Tapetenreste (Rückseite), Fingerfarbe oder Wasserfarbe, Pinsel, Malkittel, alte Zeitungen zum Abdecken, Lappen und Waschschüssel

Die Kinder gestalten ein Gemeinschaftsbild mit Hand-, Finger- und Fußabdrücken. Zuerst sucht die Spielleitung mit den Kindern nach Ideen, was aus Hand-, Finger- und Fußabdrücken gestaltet werden kann. Vorab können die Kinder frei ausprobieren. Anschließend besprechen sie, was auf dem Gemeinschaftsbild mit Hand- oder Fußabdruck gestaltet werden soll, z. B. eine Wiese und Sonne aus Handabdrücken, ein Baumstamm mit Fußabdrücken, eine Blätterkrone mit Handabdrücken, kleine Käfer aus Fingerabdrücken usw. Die Kinder malen sich gegenseitig ihre Hände und Füße an und gestalten damit ein Bild. Die Spielleitung unterstützt die Kinder dabei.

Ich bin ich und du bist du – Angebote zur Körper- und Umweltwahrnehmung

Eine positive Körperwahrnehmung ist für Kinder sehr wichtig. Aus dem Erleben, Wahrnehmen und Spüren des eigenen Körpers entwickelt sich das Körperbewusstsein. Kinder wollen mit all ihren Sinnen erfassen, tasten, hantieren, greifen, hören, sehen, schmecken, riechen und sich bewegen. Durch das Kennenlernen ihres eigenen Körpers und ihrer eigenen Persönlichkeit („Ich bin ich"), durch Körperwahrnehmungsspiele, Bewegungserfahrungen, sinnliche Erfahrungen in der Natur, durch Ruhe und Entspannung und eine ausgewogene Ernährung können die Kinder ein positives Gefühl für sich selbst entwickeln. Dabei sind positive Erfahrungen sehr wichtig. Sie entwickeln ein Gefühl für den eigenen Wert und entdecken ihre Stärken und Fähigkeiten. Sie lernen, an sich zu glauben, und entwickeln ein stabiles Selbstwertgefühl. Bei den Gemeinschaftsspielen erfahren die Kinder, dass jeder einzigartig ist, etwas Besonderes kann und positive Eigenschaften hat. Was haben wir gemeinsam? – Vieles haben wir gemeinsam und doch unterscheiden wir uns. Jeder sieht anders aus, jeder hat andere Fähigkeiten, eine andere Familie, evtl. eine andere Herkunft. Jeder ist einzigartig und etwas Besonderes. Welche Vorlieben und Bedürfnisse haben ich und andere?

Das bin ich

Im Mittelpunkt steht die Selbstwahrnehmung der Kinder als eigenständige Persönlichkeiten. Erst wenn ich mich selbst besser kennengelernt habe, bin ich in der Lage, auch die Bedürfnisse und Gefühle anderer Menschen wahrzunehmen und zu achten.

„Das bin ich“-Buch

Im Laufe der Projektzeit legen die Kinder ein persönliches Buch an, in dem sie alle wichtigen Details über sich selbst festhalten. Die Spielleitung gestaltet mit jedem Kind ein eigenes „Das bin ich“-Buch. Die Körpermerkmale und Bedürfnisse der Kinder werden gemeinsam erarbeitet. Die Auseinandersetzung mit dem Körper und den eigenen Bedürfnissen bietet somit die Grundlage zur Entwicklung der Selbstwahrnehmung: „Das bin ich!“ Was habe ich mit anderen gemeinsam? Was macht mich einzigartig?

Beispiele für die Gestaltung eines „Das bin ich“-Buches: Zeichnungen der Kinder, Erläuterungen, Vorlieben, Bedürfnisse usw. werden gemeinsam mit den Kindern im „Das bin ich“-Buch festgehalten. Die Kinder sind sehr stolz auf ihr eigenes Buch, das sie immer wieder gerne ansehen und anderen zeigen.

Das bin ich: Spiegelbetrachtung – Wie sehe ich aus, welche Körperteile habe ich, was finde ich besonders schön oder toll an mir? Die Kinder betrachten sich ganz genau, sie erkennen z.B. nicht nur ihre Augen, sondern auch die Augenfarbe, die Pupille, die Wimpern, das Augenlid, die Augenbrauen. Die Kinder malen sich selbst.

Meine Familie und ich: Wer gehört zu mir, mit wem lebe ich gemeinsam in der Familie? Sie erzählen von ihrer Familie: Manche wohnen nur mit einem Elternteil zusammen, manche haben Geschwister, manche Großeltern und manche leben vielleicht in einer Patchworkfamilie. Auch ein Haustier, das den Kindern wichtig ist, gehört zur Familie. Anschließend malen die Kinder ein Bild von ihrer Familie.

Wo wohne ich?: Bei einem Spaziergang/einer Exkursion können die Kinder anderen zeigen, wo und in welchem Haus sie wohnen. Anschließend können die Kinder das Haus, in dem sie wohnen, malen.

Das sind meine Freunde: Bei wem fühle ich mich geborgen, mit wem spiele ich besonders gern, wer ist mein Freund? Die Kinder malen ihre Freunde.

Meine Kindergartengruppe: Wer gehört alles zu meiner Kindergartengruppe, wer gehört zu den Kleinen, zu den Mittleren und den Großen, wie fühle ich mich in der Gruppe? Gemeinsames Gruppenfoto.

Was mag ich und was nicht?: Gemeinsame Gespräche über Vorlieben, Bedürfnisse, Ängste und Ablehnungen. Anschließend können die Kinder malen, was ihnen gefällt und was nicht.

So groß bin ich: An einer Messlatte, mit einem Maßband oder einem Meterstab können sich die Kinder gegenseitig messen und ihre Größen festhalten und vergleichen. Gerne messen die Kinder auch die Größe der Füße oder ihren Kopfumfang. Interessant ist es auch, die Haarlänge zu messen. Lockiges Haar ist zum Beispiel glatt gezogen viel länger, als es aussieht.

Das kann ich schon!: Körperbewusstsein ist eine der wichtigsten Grundlagen für die Entstehung von Selbstbewusstsein. Wenn ein Kind seine Fähigkeiten kennt, bekommt es dadurch viele Erfolgserlebnisse vermittelt. Es erkennt: Das kann ich schon! Das schafft Vertrauen in die eigenen Fähigkeiten.

- Die Spielleitung hält mit den Kindern fest, was sie schon können und was sie erlernt haben: z.B. anderen helfen, den Tisch decken, einen Purzelbaum machen, auf einem Bein hüpfen, Verantwortung für einen Spielbereich übernehmen, ein Würfelspiel zu Ende spielen, einen Turm bauen ... Dies kann anhand von Fotos oder Zeichnungen mit Datum festgehalten werden.

Weitere Anregungen:

- Welche Körpertemperatur haben wir? (Die Körpertemperatur steigt bei anstrengender Bewegung – der Körper schwitzt, um sich wieder abzukühlen.)
- Warum schlägt unser Herz? Herztöne mit einem Stethoskop abhören. (Das Herz schlägt schneller nach anstrengender Bewegung.)
- Wie viele Milchzähne habe ich und wie viele die anderen? Habe ich schon einen Wackelzahn? Sind schon welche herausgefallen? Kommen schon neue?
- Wo spüren wir Knochen an unserem Körper? (Betrachtung eines Skeletts)
- Warum haben wir Muskeln und Gelenke und wo befinden sich diese?
- Womit und wie nehmen wir unsere Umwelt wahr? (Wahrnehmungsspiele – hören, sehen, fühlen, riechen, schmecken)
- Was haben wir gemeinsam und worin unterscheiden wir uns? (Haarfarbe, Augenfarbe, Größe, Gewicht, Herkunft, Interessen, Mädchen/Jungen)

Ich bin toll, so wie ich bin

Bei diesen Versen werden Gefühle, Eigenschaften und Fähigkeiten pantomimisch dargestellt. Die Kinder haben daran Freude und fühlen sich bestärkt.

Ich bin toll, so wie ich bin.
Ich bin ein ganz besonderes Kind.
Ich fühl mich gut
und ich hab Mut.
Ich habe Augen, Nase, Mund,
fühl mich
heute kerngesund.
Ich kann mit meinen Augen sehen,
mit den Ohren gut verstehen.
Ich kann mit meinem Mund laut lachen,
schmecke viele leckere Sachen.
Ich kann mit meiner Nase riechen.
Ich kann in der Blumenwiese liegen.
Ich kann auf einem Beine stehn.
Ich kann mich im Kreis rumdrehn.
Ich kann mit den Händen klatschen
und im Sand herummatschen.
Ich bin toll, so wie ich bin.
Ich bin ein ganz besonderes Kind.

Körperbild in Lebensgröße

Die Kinder gestalten ihr Körperbild so einzigartig, wie sie selbst sind. Die aufgehängten Bilder bestaunen sie immer wieder gern und bewundern die Vielseitigkeit jedes einzelnen Körperbildes.

Material: festes Papier oder Tapetenreste in Größe der Kinder, Scheren, Fingerfarben/Wasserfarben, Pinsel, Malkittel, Farbstifte, Papierreste, Stoffreste, Wolle/Märchenwolle, Klebstoff, evtl. Perlen und Stoffbänder

Die Kinder gehen paarweise zusammen. Ein Kind legt sich auf einen großen Bogen Papier und das andere zeichnet dessen Körperumrisse nach. Danach wird getauscht. Bei den jüngeren Kindern muss die Spielleitung etwas Hilfestellung geben. Anschließend schneidet jedes Kind sein Körperbild aus. Zunächst betrachtet sich jeder genau im Spiegel und die Spielleitung macht die Kinder auf die einzelnen Merkmale aufmerksam – Augenfarbe, Augenbrauen, Wimpern, Haarfarbe, Nase, Mund, Ohren, Hals, fünf Finger an jeder Hand, Fingernägel usw. Dann gestaltet jedes Kind sein eigenes Körperbild individuell aus. Hier können die unterschiedlichsten Materialien zum Einsatz kommen. Fingerfarbe eignet sich für die großen Flächen, den Kopf, die Arme und Hände, die Beine. Wichtige Details wie Augen, Augenbrauen, Nase, Mund oder Fingernägel malen die Kinder anschließend mit Farbstiften oder Fingerfarbe auf die getrocknete Farbe auf. Sie können sie aber auch aus Tonpapier ausschneiden und aufkleben. Beine, Bauch und Arme können in beliebiger Farbe als Kleidung gemalt werden. Gerne schneiden die Kinder auch Hose, Pulli oder Rock aus Stoffresten aus, mit denen sie ihr „Ich" kleiden.

Die Haare schneiden die Kinder passend aus Wolle zu oder verwenden hierfür Märchenwolle und kleben sie am Kopf fest. Beliebig können die Kinder ihr Körperbild weiter ausgestalten. Hier sind der Kreativität keine Grenzen gesetzt. Eine Perlenkette kann den Hals zieren, aus Stoffbändern können Hosenträger oder Gürtel angebracht werden. Mit Kordeln können Schleifen an die Schuhe geklebt werden usw.

Anregungen: Sehr beliebt bei den Kindern ist auch das Nachmalen von Körperkonturen mit Straßenmalkreide. Hierfür legt sich ein Kind auf den Boden und ein anderes zeichnet mit der Kreide die Kontur des liegenden Kindes nach. Es ist nun ein vollständiger Umriss entstanden, der beliebig ausgemalt werden kann. Die Kinder haben große Freude daran, in die Konturen Gesichter, Frisuren und Kleidungsstücke zu malen.

Die Körperkonturen können sie auch mit verschiedenen Naturmaterialien legen. Dazu legt sich ein Kind auf den Boden und ein paar andere legen mit Steinen, Moos, Rindenstücken und anderen Materialien, die sie in der Natur finden, die Konturen des am Boden Liegenden nach. Wenn das Kind vorsichtig aufsteht, bleibt ein deutlicher Umriss seines Körpers auf dem Boden zurück. Diesen können die Kinder mit Gegenständen aus der Natur gemeinsam ausfüllen.

Spiele zur Körperwahrnehmung

Unser Körper ist ein Wunderwerk der Natur. Wir haben Hände und Füße, mit denen wir alles Mögliche machen können. Wir atmen die Luft ein und aus und können mit unseren Sinnen uns und andere sowie unsere Umwelt wahrnehmen. Wir haben die unterschiedlichsten Körperteile: Schultern, Hüften, Knie, Rücken ..., und können uns damit bewegen und etwas in Bewegung setzen.

Bewegungsspiel mit Papprollen und Sandsäckchen

Material: viele Pappröhren (von Küchenrollen oder Plakaten), Sandsäckchen, lebhafte Musik

Die Kinder suchen zunächst selbst nach Bewegungsmöglichkeiten mit den Materialien und setzen dabei die unterschiedlichen Körperteile ein. Danach werden Übungen gemeinsam ausgeführt und die Körperteile, die zum Einsatz kommen, werden benannt. Hier können die Kinder eigene Ideen vorstellen und die der anderen nachturnen. Die Spielleitung gibt bei Bedarf Anregungen. Die Kinder lernen, bestimmte Körperteile zu benennen und sie gezielt einzusetzen.

- Die Kinder versuchen, jeweils eine Pappröhre mit verschiedenen Körperteilen zu bewegen, z. B. mit den Händen, Füßen, der Stirn, den Knien, dem Po ...
- Mit welchen Körperteilen lässt sich eine Rolle tragen? Z. B. zwischen den Beinen, unter dem Kinn, unter den Armen, auf dem Fuß oder der Schulter die Röhre balancieren.
- Die Kinder versuchen, die Rolle über den Körper gleiten zu lassen, z. B. mit geschlossenen Beinen die Rolle auf die Fußgelenke legen. Heben sie die Beine gestreckt an, rollt die Röhre bis auf den Bauch. In Bauchlage die Röhre auf die Fußgelenke legen, Beine anheben, wo rollt sie hin? In Bauchlage die Rolle auf die Schulterblätter legen, Oberkörper anheben und die Röhre den Rücken hinunterrollen lassen.
- Die Kinder versuchen, ein Sandsäckchen auf verschiedenen Körperteilen zu balancieren, z. B. auf dem Kopf, auf dem Rücken, auf der Schulter ..., und laufen oder krabbeln damit frei im Raum oder eine bestimmte Strecke, z. B. entlang einer Linie oder über eine Langbank.
- Wer schafft es, mehrere Sandsäckchen gleichzeitig mit mehreren Körperteilen zu transportieren? Z. B. zwei auf den ausgestreckten Armen oder im Krabbeln, eins auf dem Rücken und eines auf dem Kopf.
- Im Stand ein oder zwei Säckchen auf den/die Fußrücken legen und damit gehen. Im Sitzen das Säckchen mit den Füßen greifen, in Rückenlage Beine nach oben strecken und das Säckchen in die Hände fallen lassen.
- Die Kinder versuchen gleichzeitig, eine Papprolle und ein Sandsäckchen mit verschiedenen Körperteilen zu transportieren, z. B. Rolle unter dem Kinn und Säckchen im Nacken.
- Wer schafft es, eine Pappröhre rollend zu bewegen und gleichzeitig ein Sandsäckchen auf dem Körper zu balancieren? Z. B. Sandsäckchen auf der Schulter balancieren und mit den Füßen die Rolle in Bewegung setzen.

- Gemeinsam legen die Kinder mit den Papprollen und Sandsäckchen ein großes Männchen.
- Die Kinder bewegen sich frei zur Musik um das Männchen. Die Spielleitung gibt bei einem Musikstopp Anweisungen, z. B. streichelt dem Männchen über den Bauch, berührt seine Hand und sagt ihm freundlich guten Tag, kitzelt es am Fuß, streicht ihm über den Kopf ...

Siamesische Zwillinge

Gemeinsame Kontaktaufnahme: An verschiedenen Körperteilen sind jeweils zwei Kinder zusammengewachsen und bewegen sich gemeinsam so fort, z. B. Rücken an Rücken, Schulter an Schulter, Zeigefinger an Zeigefinger, Hüfte an Hüfte usw.

Wäscheklammerspiel

Material: viele Wäscheklammern, evtl. Pappdeckel, weiche Unterlagen

Jedes Kind bekommt eine Wäscheklammer. Zunächst bestimmt jeder selbst, wo er die Wäscheklammer an seiner Kleidung anbringen könnte, und benennt das Körperteil, an dem sich die Klammer befindet (z. B. am Bauch, am Knie, an der Schulter, am Ellenbogen, an der Brust, am Zeh).

Nun gehen die Kinder paarweise zusammen. Ein Kind legt sich mit dem Rücken auf eine weiche Unterlage. Das andere bekommt mehrere Wäscheklammern und heftet sie am liegenden Kind an den Kleidungsstücken fest. Hier muss mit den Kindern besprochen werden, dass sie vorsichtig mit den Wäscheklammern umgehen müssen und sie keinen damit zwicken dürfen. Das liegende Kind muss nun äußern, an welchen Körperteilen sich die Wäscheklammern befinden.

Anstelle der Wäscheklammern können die Kinder auch Pappdeckel auf bestimmte Körperteile legen. Danach werden die Rollen getauscht.

Indianerschleichen

Die Kinder liegen in Bauchlage mit geschlossenen Augen im Kreis, das Gesicht zur Mitte. Sie verhalten sich ganz leise und ruhig und konzentrieren sich bewusst auf ihr Gehör. Ein Kind spielt den Indianer und steigt vorsichtig und möglichst ohne Geräusch und Berührung über einzelne liegende Kinder. Wenn es heißt: „Aufwachen", stehen die Kinder auf, die glauben, dass der Indianer über sie geschlichen ist. Danach darf ein anderes Kind einen schleichenden Indianer spielen und das Spiel beginnt von vorn.

Klangstraße

Material: lang nachklingende Orff-Instrumente in der Anzahl der Kinder (Triangel, Klangbausteine, Glockenspiel, Fingerzimbeln, Becken)

Die Kinder sitzen mit einem Orff-Instrument im Kreis und sind ganz leise. Nacheinander spielt jeder einen Ton. Ein Kind beginnt und das nächste darf erst spielen, wenn es den Ton von seinem Nebensitzer nicht mehr hört – es entscheidet ganz alleine, wann es spielt. Die Kinder hören dabei ganz bewusst auf die Klanglänge und nehmen auch den leisesten Klang wahr, dabei hört das Kind, das direkt danebensitzt, noch etwas, während die anderen in einiger Entfernung den Klang nicht mehr wahrnehmen.

Spurensuche mit Fotos

Das Spiel ist drinnen oder draußen aufregend und die Kinder müssen ihre visuelle Wahrnehmung besonders schärfen. Finden die Kinder den nächsten Ort? Spaß und Spannung pur.

Material: Fotos von verschiedenen Gegenständen/Räumlichkeiten/Umgebung, Briefumschlägen, evtl. kleiner Schatz

Vorbereitung: Das Spiel kann im Gruppenraum, im ganzen Gebäude, auf dem Spielplatz oder Park gespielt werden. Die Spielleitung fotografiert verschiedene Gegenstände/Räumlichkeiten/Umgebungen. Jedes Foto kommt in einen Briefumschlag. Diese werden in der Reihenfolge, in der die Kinder die Plätze finden sollen, nummeriert. Den Umschlag mit dem ersten Foto beiseitelegen und alle weiteren Umschläge jeweils an der Station, von wo aus die Kinder diesen Ort finden müssen, legen. Beispiel: Das Spiel startet im Gruppenraum am Maltisch – Foto: Buntstifte. Unter den Maltisch klebt ein Umschlag mit einem Foto von Bauklötzen – das heißt, der nächste Ort ist in der Bauecke ... An der letzten Station kann ein Schatz versteckt sein.

Spielablauf: Zu Beginn erhalten die Kinder das erste Foto mit dem Ort oder Gegenstand, welcher gesucht werden muss. Dort suchen sie nach dem nächsten Briefumschlag mit Foto. So arbeiten sie sich von einem Foto zum nächsten weiter, bis sie das Ziel erreichen.

Wichtig ist, dass die Gruppe hierfür nicht zu groß ist und dass allen Kindern das Foto gezeigt wird, bevor der nächste Ort gesucht wird.

Luft spürbar und sichtbar machen

Unser Körper braucht Luft zum Leben. In der Luft ist Sauerstoff enthalten, den wir einatmen.

- Die Kinder atmen bewusst ein und aus. Sie pusten sich gegenseitig an, sodass sie die Luft spüren können. Gemeinsam beschreiben sie, wie sich die Luft anfühlt, z. B. warm, kalt, sanft, stark, weich usw.
- Die Kinder blasen eine Papiertüte oder einen Luftballon auf – die Luft aus unserer Lunge ist nun im Ballon.
- Pustespiel: Die Kinder versuchen, Wattebäusche oder chinesische Papierbälle vorwärtszupusten und setzen mithilfe der Luft etwas in Bewegung.
- Die Kinder hauchen die Luft an einen Spiegel und sehen die getrübte Stelle.

Atemspiel

Material: Kuscheltiere oder Sandsäckchen in der Anzahl der Kinder, weiche Unterlagen

Die Kinder liegen in Rückenlage auf einer weichen Unterlage und legen ein Sandsäckchen oder ein Kuscheltier so auf ihren Bauch, dass es beim Atmen nicht herunterfällt. Sie achten nun bewusst auf ihren Atem: Sie atmen ein und aus und beobachten dabei ihren Bauch, wie er sich leicht hoch- und runterbewegt. Anhand des Kuscheltiers oder Sandsäckchens können sie gut beobachten, wie sich die Bauchdecke beim Einatmen hebt und sich beim Ausatmen wieder senkt.

Macht es euch bequem. Eure Arme liegen neben eurem Körper und eure Beine sind lang ausgestreckt. Atmet ganz ruhig und gleichmäßig. Atmet ein und aus und wieder ein und aus. Achtet auf euren Atem, wie er ganz von selbst ein- und ausströmt. Ja, gut macht ihr das. Und immer weiter. Beobachtet nun, wie euer Kuscheltier (Sandsäckchen) sich beim Ein- und Ausatmen bewegt. Beim Einatmen geht es nach oben und beim Ausatmen wieder nach unten.

Die Beobachtung des Atems lenkt die Aufmerksamkeit auf den eigenen Körper und verstärkt die Sensibilität für innere Vorgänge. Gleichmäßiges Ein- und Ausatmen wirkt entspannend und beruhigend.

Danach laufen die Kinder gemeinsam mit ihren Kuscheltieren (Sandsäckchen), bis sie etwas außer Puste sind, und legen sich dann erneut mit dem Rücken auf die weiche Unterlage, ihr Kuscheltier auf ihrem Bauch.

Beobachtet jetzt eure Kuscheltiere. Spürt ihr, wie euer Atem jetzt ist, ist er schneller?
Versucht, langsam wieder ruhiger zu atmen. Atmet tief ein und aus und wieder ein und aus. Seht ihr den Unterschied, wie sich euer Kuscheltier wieder langsam auf- und abbewegt?
Wie ist euer Atem, wenn ihr wieder entspannt seid?

Die Kinder merken, dass durch die körperliche Anstrengung der Atem schneller und flacher wird – ihr Kuscheltier bewegt sich schneller, aber weniger stark auf und ab. Langsam wird der Atem wieder ruhiger und gleichmäßiger.

Drachenhöhle

Material: Matten, Sandsäckchen, Tamburin

Die Kinder bauen mit der Spielleitung gemeinsam eine Drachenhöhle – ein weiches Lager mit Matten und Sandsäckchen. Die Kinder spielen Drachen, die umherfliegen (laufen). Die Spielleitung bestimmt das Tempo und schlägt den Rhythmus auf einem Tamburin, mal langsam und mal schneller. Wenn ein Drache vom Laufen erschöpft ist, darf er sich einen Moment in der Drachenhöhle ausruhen. Dazu legt sich das Kind ein Sandsäckchen auf den Bauch und kann dadurch besser erkennen, wann der Atem wieder ruhiger und gleichmäßiger wird. Das ist ein gutes Zeichen für Erholung. Nach einer kurzen Pause spielt es wieder mit und läuft mit den anderen Drachen zum Tamburinspiel.

Ich spüre deinen Atem

Material: weiche Unterlagen

Die Kinder (es sollten nicht mehr als sechs insgesamt sein) legen sich mit dem Rücken so auf die weiche Unterlage, dass jedes Kind seinen Kopf auf den Bauch eines anderen Kindes legt. Die Kinder verhalten sich dabei ganz ruhig und leise und versuchen, ganz tief in den Bauch einzuatmen. Dadurch spüren sie, wie sich die eigene Bauchdecke mit jedem Einatmen wölbt und den Kopf des anderen Kindes mit anhebt. Gleichzeitig spüren sie auch, wie sich ihr eigener Kopf sanft mit dem Atmen des Partners bewegt. Die Kinder genießen nun die Stille und spüren die Bewegungen durch den Atem der anderen.

Unsere Hände

Wie viele Finger habe ich an jeder Hand? Wie heißen die einzelnen Finger?
Wie fühlen sich meine Hände und die eines anderen an – warm, kalt, weich oder rau? Sind meine Hände groß oder klein? Was kann ich mit meinen Händen? – Fühlen, malen, essen, basteln, mich anziehen, andere streicheln, klatschen usw.

Die Kinder malen auf, was sie mit ihren Händen alles machen können. Hierzu fällt ihnen vieles ein und die Wichtigkeit ihrer Hände wird ihnen ganz bewusst.

Seht euch meine beiden Hände an

Die Kinder führen zum Text die Bewegungen mit ihren Händen aus.

Seht euch meine beiden Hände an,
was man damit machen kann.
Ich reiche dir die Hand,
weil ich dich mag,
und sag dir freundlich Guten Tag.
Ich kann dich liebevoll streicheln,
dir helfend meine Hände reichen.
Ich klatsche fröhlich laut Applaus
und mache vor Wut eine Faust.
Ich kann schneiden, malen, kleben,
etwas Schönes dir dann geben.
Ich sage dir Auf Wiedersehn
und winke dir zum Abschied schön.

Fühlsäckchen

Material: Säckchen, gefüllt mit unterschiedlichen Materialien (Teelöffel, Stift, Radiergummi, Muggelstein, Kieselstein, Feder, Holzwürfel, Tuch usw.)

Die Spielleitung füllt ein Säckchen mit alltäglichen Dingen. Der Reihe nach lässt sie die Kinder einen Gegenstand im Säckchen erfühlen. Wie fühlt sich der Gegenstand an? Rau, glatt, weich, hart, warm, kalt, rund, kantig? Was könnte es sein? Haben sie es erraten, benennen die Kinder den Gegenstand, holen ihn aus dem Säckchen und legen ihn in die Mitte. Danach ist ein anderes Kind dran. Die Materialien können immer wieder durch andere ergänzt oder ausgetauscht werden.

Mit den Händen kann ich fühlen,
in dem kleinen Säckchen wühlen.
Und wir sind jetzt mal gespannt,
was ich finden kann.
Ist es weich, ist es glatt oder rau?
Mal schaun.

Handsalat

Material: altes großes Leinentuch (in das Tuch mehrere Schlitze/Löcher schneiden)

Vier bis sechs Kinder sitzen unter dem Tuch und stecken ihre Hände kreuz und quer aus den Löchern heraus. Ein anderes Kind, das abseits gewartet hat, hat nun die Aufgabe, den Handsalat zu entwirren. Es schaut sich die Hände genau an und ordnet die richtigen Handpaare zu. Hierfür reicht es dem Händepaar seine Hände, von dem es glaubt, dass sie zusammengehören.

Vielleicht kann es sogar den Namen des Kindes, zu welchem die Hände gehören, nennen. Hat es ein Händepaar gefunden, so kommt das Kind, dem die Hände gehören, unter dem Tuch hervor und die Zuordnung geht weiter. Danach werden die Rollen getauscht.

Variante: Das Spiel lässt sich auch mit den nackten Füßen spielen. Welche Füße gehören zusammen?

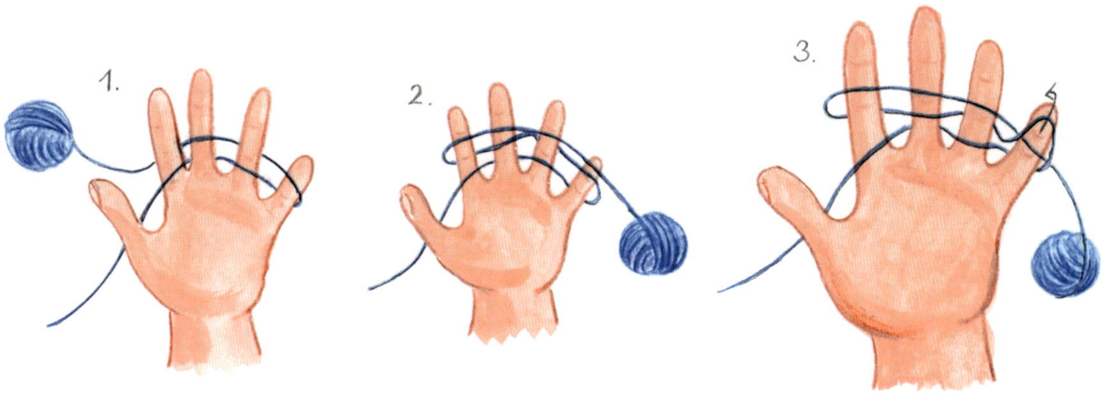

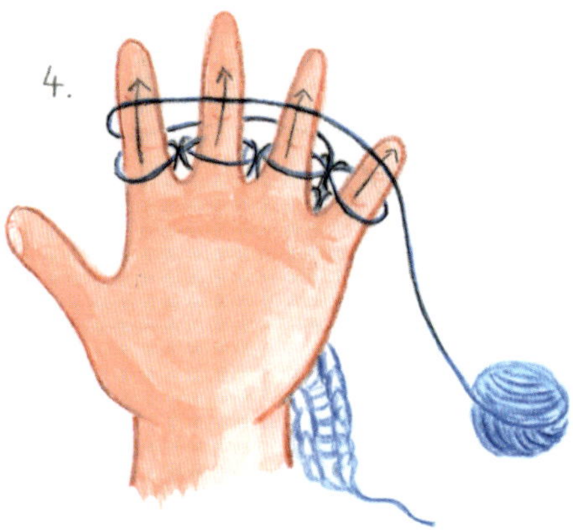

Fingerstricken

Kinder lieben es, mit ihren Fingern zu stricken. Voller Eifer sind sie dabei, luftige Strickschläuche zu stricken. Erst ist das Gestrickte so lang wie ein Bein, dann geht es schon bis zum Bauch und bald ist es so groß wie man selbst. So haben die Kinder schnell ein Erfolgserlebnis. Beim Fingerstricken sind alle Finger im Einsatz und werden ganz bewusst wahrgenommen. Die Geschicklichkeit und Feinmotorik der Hände sowie die Augen- und Handkoordination werden geschult.

Material: (dicke) Wolle, Schere

Am Anfang wird die Wolle vom Daumen aus im Slalom um die vier Finger einer Hand gewickelt (Rechtshänder: um die linke Hand, Linkshänder: um die rechte Hand), bis sie wieder am Daumen ankommt – somit ist die Ausgangskonstellation für das Fingerstricken geschaffen. Dann den Wollfaden einmal um alle vier Finger herumlegen, sodass der lose Faden oberhalb der Fäden, die zuvor um die Finger gewickelt wurden, liegt. An jedem Finger den unteren Faden über die Fingerkuppen hinweg über den oberen Faden ziehen – der obere Faden bleibt auf den Fingern und bildet jetzt den unteren festen Faden, mit dem weitergearbeitet wird. Das Strickverfahren läuft immer so weiter, der Wollfaden wird immer in der gleichen Richtung um alle vier Finger herumgelegt und die unteren Schlaufen an den Fingern werden über den oberen Wollfaden und die Fingerkuppen hinweggeführt. Wünschen die Kinder mehrere Farben, so kann auch nach einem Stück mit einer anderen Farbe weitergestrickt werden – einfach Wolle abschneiden und am Ende eine andere anknoten. Ist die gewünschte Länge erreicht, nimmt man die Wollschlaufen von den vier Fingern und schneidet die Wolle ab. Das Wollende dann durch alle vier Schlaufen fädeln und festziehen, somit geht das Gestrickte nicht mehr auf.

Fädelt man die vier Endschlaufen auf einen Stift, kann später weitergestrickt werden –einfach die Schlaufen wieder vom Stift nehmen, mit den Fingern aufnehmen und weiterstricken. Kinder benutzen das gestrickte Band gerne als Stirnband oder stellen daraus eine lange Schlange her. Hierfür ein Ende als Kopf umlegen und am Band festnähen. An den Kopf Knöpfe oder Perlen als Augen und eine Zunge aus Filz annähen.

Geübte Kinder können auch gleichzeitig mit zwei Wollen stricken (hier wird mit zwei Wollfäden genauso wie mit einem gestrickt), dann werden die Strickschläuche dicker/zweifarbig.

Unsere Füße

Die Kinder sitzen mit der Spielleitung barfuß im Kreis und nehmen ihre Füße einmal ganz genau wahr: Alle Füße sehen ganz unterschiedlich aus. Sie sind klein, groß, breit oder schmal. Wie viele Zehen habe ich an jedem Fuß? Wie fühlen sich meine Füße an? Warm, kalt? Bin ich an den Füßen kitzelig? Wozu habe ich Füße, was können meine Füße? Laufen, stehen, hüpfen, rennen, balancieren, einen Ball kicken.

Fußgesichter

Material: Schminkfarbe und Spiegel

Die Kinder malen sich gegenseitig Gesichter auf die Füße, das kitzelt, ist aber auch angenehm. Mit lebendig gewordenen Füßen kommen die Kinder ins Spiel:

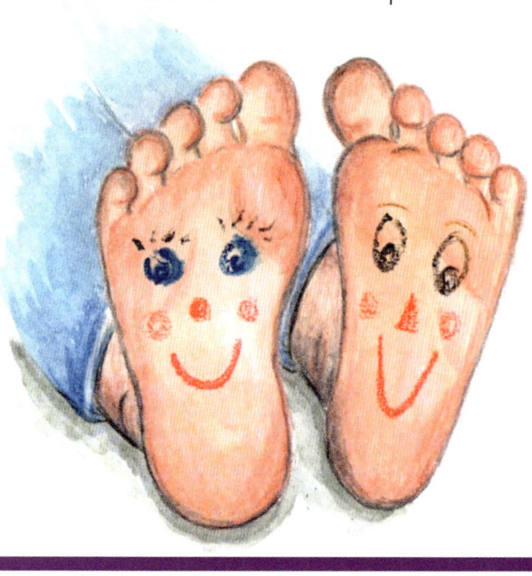

- Die Füße begrüßen sich gegenseitig: „Hallo, Fuß, wie geht es dir?"
- Die Füße können sich auch gegenseitig berühren und streicheln.
- Zwei Füße geben sich ein Küsschen.
- Die Zehen wackeln einander zu und verabschieden sich so.

Malen mit den Füßen

Material: große Papierbögen oder Tapetenreste, Fingerfarbe, alte Teller, dicke Pinsel, Lappen, Schüssel mit Waschwasser

Die Kinder tragen alte Kleidung (im Sommer evtl. Badekleidung). Den Boden mit einer Plane oder alten Zeitungen belegen. Große Papierbögen oder Tapetenreste mit der Rückseite nach oben auslegen. Fingerfarbe in flache Gefäße (alte Teller) füllen und etwas verdünnen. Nun kann die Fußmalerei beginnen. Die Kinder halten mit den Füßen zwischen den Zehen einen Pinsel, tunken ihn in die Fingerfarbe und malen beliebig los. Es ist gar nicht so einfach, doch die Kinder haben einen Riesenspaß und es entstehen interessante Kunstwerke in mühsamer Fußarbeit.

Variante: Es kann auch mit den Fußsohlen gemalt werden. Hierbei laufen die Kinder gemeinsam mit farbigen Fußsohlen kreuz und quer über eine ausgerollte Tapetenrolle (Rückseite nach oben) und hinterlassen dabei Fußabdrücke. So entstehen farbenreiche und interessante Bilder. Besonders die jüngeren Kinder haben hier viel Spaß und Erfolgserlebnisse.

Alle Füße in Bewegung

Die Kinder laufen gemeinsam barfuß im Raum herum und probieren verschiedene Gangarten aus. Sie stampfen kräftig auf den Boden, hüpfen vergnügt umher, springen, rennen oder laufen, tänzeln, schleichen ganz langsam, humpeln, laufen auf Zehenspitzen, hüpfen auf einem Bein und mit beiden Beinen, setzen Fuß vor Fuß, laufen auf einer Linie.

Materialtransport mit den Füßen

Material: Langbank, Turnreifen, große Kartons, Kleinmaterialien (Tennisringe, Sandsäckchen, Chiffontücher)

- Die Kinder sitzen auf einer Langbank mit ausreichend Abstand (bei mehreren Kindern evtl. mehrere Langbänke). Auf der einen Seite der Langbank liegt bei jedem Kind jeweils ein Turnreifen, in dem sich ca. fünf bis acht kleine Gegenstände befinden, und auf der anderen Seite steht jeweils ein Karton. Jedes Kind versucht nun, mit seinen nackten Füßen einen Gegenstand aus dem Turnreifen zu greifen und in den gegenüberliegenden Karton wandern zu lassen, bis alle Gegenstände im Karton sind.
- Die Kinder sitzen nebeneinander auf einer Langbank. Das vordere Kind beginnt und reicht mit den Füßen einen Tennisring an das nächste Kind, von Fuß zu Fuß, immer so weiter, bis das letzte Kind den Tennisring erhält. Dieses lässt ihn in die entgegengesetzte Richtung mit den Füßen wandern. Welche Gegenstände können noch mit den Füßen transportiert werden (Chiffontuch, Sandsäckchen ...)?

Goldsucher

Material: viele Muggelsteine

Die Kinder verteilen mit der Spielleitung Muggelsteine auf dem Boden als Goldsteine. Dann begeben sie sich gemeinsam auf Goldsuche. Sie gehen paarweise zusammen und laufen barfuß im Raum. Jeweils ein Kind hat die Augen geschlossen und wird vom anderen vorsichtig durch den Raum geführt. Dabei tastet das Kind mit den geschlossenen Augen mit seinen Füßen den Boden ab, setzt langsam Fuß vor Fuß, um möglichst viele Goldsteine (Muggelsteine) zu spüren. Wer einen ertastet hat, geht in die Hocke und hebt ihn auf. Sind alle eingesammelt, öffnen die Kinder ihre Augen und die Rollen werden getauscht.

Variante: Statt die Goldsteine (Muggelsteine) mit den Händen aufzusammeln, können sie auch mit den Zehen aufgenommen werden.

Den Weg entlang

Material: Turnseile, Teppichfliesen

Seile werden als lange Straße aneinandergelegt. Die Kinder laufen vorsichtig darauf entlang und erspüren die Erhebung mit ihren Füßen. Dann gehen sie paarweise zusammen. Ein Kind schließt die Augen und wird vom anderen die Straße entlanggeführt. Schaffe ich es, entlang der Seilstraße zu laufen, ohne vom Weg abzukommen? Wie klappt es mit Teppichfliesen (rutschfeste Seite nach unten), die in geringem Abstand ausgelegt sind? Die Kinder müssen mit ihren Füßen ganz genau fühlen, wo die nächste ist, und sich so langsam vorantasten.

In Bewegung sein – Bewegungsangebote und Erlebnisspiele

Kinder erschließen sich ihre Welt aktiv, mit allen Sinnen und vor allem in Bewegung. Sie nehmen über Bewegung Kontakt zu ihrer Umwelt auf und entdecken, erkennen und verstehen so ihre soziale und materielle Umwelt. Es ist wichtig, den Kindern die Möglichkeit zu bieten, ihren ganzen Körper einzusetzen, den Einsatz von Druck und Kraft zu üben und zu differenzieren. Sie wollen sich selbst erleben und spüren, herausgefordert werden und eigene körperliche Grenzen erfahren. Beim Rennen, Hüpfen, Krabbeln, Klettern, Schaukeln, Rutschen und Wippen nimmt das Kind sich selbst und seine Umgebung intensiv wahr. Es erfährt sich in Bezug zu seiner Umgebung und setzt sich mit ihr auseinander. Bewegung baut Spannungen ab und wirkt sich positiv auf die Gesundheit aus. Darüber hinaus leistet sie bei Kindern einen entscheidenden Beitrag zur emotionalen und geistigen Entwicklung. Die Kinder sollten deshalb täglich Gelegenheit haben, sich ausreichend zu bewegen – auf Spaziergängen und Wanderungen, aber auch durch Bewegungsspiele im Alltag haben sie die Möglichkeit, sich auszutoben, umherzutollen, zu balancieren, zu hüpfen, zu laufen und sich nach Herzenslust zu verausgaben.

Ungeheuer

Ein spannendes Spiel, bei dem die Kinder erfahren, dass man gemeinsam stark ist und mit etwas Mut auch anderen helfen kann.

Ein Kind spielt das Ungeheuer, das die anderen Kinder fangen muss. Diese müssen sich vor dem Ungeheuer in Acht nehmen und Kindern in Not helfen. Kommt das Ungeheuer einem zu nahe, kann das Kind sich schnell mit einem anderen zusammentun. Sobald sich zwei Kinder an den Händen halten, kann das Ungeheuer die beiden nicht fangen, denn die Gemeinschaft der beiden ist stärker als die Macht des Ungeheuers. Danach heißt es, den Partner wieder loszulassen und weiterzulaufen. Wird ein Kind jedoch vom Ungeheuer gefangen, so bleibt es stehen und darf nicht mehr weiterrennen. Die Kinder, die noch frei sind, dürfen dem gefangenen Kind helfen. Der/die Gefangene breitet die Beine auseinander, sodass ein anderes mutiges Kind hindurchkriechen kann. Somit ist das Kind gerettet und darf wieder weiterlaufen. Nach einiger Zeit wird ein anderes Kind als Ungeheuer bestimmt.

Hinweis: Bei einer großen Kindergruppe zwei oder mehrere Ungeheuer auswählen.

Krankenwagen

Ein beliebtes Spiel, bei dem alle Kinder in Bewegung sind und man sich gegenseitig hilft.

Material: Weichbodenmatte, 2 Rollbretter, 1 oder 2 Turnreifen

Eine Weichbodenmatte wird in die Mitte als Krankenhaus gelegt. Ein oder zwei Kinder spielen die Fänger, sie sind die Geisterfahrer und halten jeweils einen Reifen. Zwei Kinder spielen die Sanitäter, die mit dem Krankenwagen (Rollbrettern) später die gefangenen (verletzten) Kinder ins Krankenhaus fahren. Die restlichen Kinder nehmen sich vor den Geisterfahrern in Acht und laufen ihnen davon. Die Geisterfahrer versuchen, ein Kind mit ihrem Reifen zu berühren/zu fangen. Ist eines gefangen, so legt es sich auf den Rücken und zappelt mit Beinen und Armen (gut für die Muskulatur und die Kinder bleiben in Bewegung). Die Sanitäter fahren nun jeweils mit ihrem Rollbrett zum gefangenen (verletzten) Kind und bringen es mit dem Krankenwagen (Rollbrett) ins Krankenhaus (Weichbodenmatte). Die noch freien Kinder können die im Krankenhaus liegenden Gefangenen wieder befreien, indem sie diesen liebevoll über den Bauch oder Rücken streicheln. Somit sind sie geheilt, dürfen das Krankenhaus verlassen und weiterlaufen. Die Rollen werden immer wieder getauscht.

Der Löwe ist los

Ein Bewegungsspiel, um sich auszupowern, Spannungen abzubauen und Mut zu entwickeln.

Material: langes Seil oder Langbank

Für die Variante: Matten

Eine Spielfeldseite wird als Gehege abgegrenzt, z.B. mit einem langen Seil oder einer Langbank. Ein Kind spielt den Löwen und bewegt sich im Gehege. Durch Fauchen, Krallenzeigen und Brüllen demonstriert es, wie gefährlich und stark der Löwe ist. Die anderen Kinder sind die Zoobesucher, die sich den Löwen von Nahem anschauen, indem sie ganz nahe an das Gehege gehen (Spielfeldseite dabei nicht überschreiten). Die Spielleitung ist der Tierpfleger, der die Kinder animiert, sich an den Löwen heranzuwagen. Er sagt z.B.: „Der Löwe hat Hunger, ihr dürft ihn füttern." Oder: „Der Löwe kann Kunststücke machen, schaut, wie er auf den Hinterbeinen steht und ein Männchen macht. Ihr dürft ihn fotografieren." Oder: „Heute ist Streicheltag, der Löwe freut sich, wenn ihr ihn streichelt." Sobald der Tierpfleger aber ruft: „Der Löwe ist los!", müssen sich die Zoobesucher schnell vor dem Löwen in Sicherheit bringen und zum Ausgang des Zoos laufen (bis zur anderen Hallenseite zur Wand) – ab hier können sie nicht mehr gefangen werden. Der Löwe versucht, die Zoobesucher zu fangen. Wer gefangen wurde, wird nun selbst zum Löwen. Die Zoobesucher werden nun immer weniger und das Gehege füllt sich immer mehr mit gefährlichen Löwen.

Variante: „Der Riese erwacht!" Ein Kind spielt den Riesen, der auf weichen Matten liegt und schläft. Die anderen Kinder sind die Zwerge, die sich darüber freuen, dass der große, starke Riese schläft. Sie gehen ganz nah heran und tanzen vor Freude um den Riesen herum, machen ihm eine lange Nase, und wer sich traut, darf den Riesen auch kitzeln. Doch Vorsicht, sobald die Spielleitung ruft: „Der Riese erwacht!", müssen alle Zwerge schnell zur anderen Hallenseite zur Wand rennen und sich vor dem Riesen, der versucht, die Zwerge zu fangen, in Sicherheit bringen. Wer gefangen wurde, wird selbst zum Riesen.

Bewegungsspiele mit Luftballons

Hier müssen die Kinder gemeinsam agieren – Teamgeist wird angeregt.

Material: Luftballons, lebhafte Musik, Fliegenklatschen in der Anzahl der Kinder

Die Kinder bilden in Dreier- oder Viererteams jeweils einen geschlossenen Kreis. Die Aufgabe jedes Teams ist es nun, einen Luftballon möglichst lange gemeinsam in der Luft zu halten, ohne dass er auf den Boden fällt. Aber aufgepasst, die Hände dürfen dabei nicht losgelassen werden. Das erfordert ganz schön viel Koordination und Teamwork. Die Kinder können verschiedene Körperteile (Schultern, gefasste Hände, Ellenbogen, Arme, Köpfe, Beine und Füße) einsetzen, um den Ballon nach oben zu stoßen. Alternativ dürfen die Kinder nur ein bestimmtes Körperteil einsetzen: „Bewegt den Ballon nur mit dem Kopf/den Beinen/den Armen!" Eine lebhafte Musik wirkt motivierend und regt die Bewegung an.

Bei jüngeren Kindern kann die Spielleitung vier bis acht Ballons in den Raum werfen und alle versuchen, die Ballons mit verschiedenen Körperteilen nach oben zu stoßen, sodass die Ballons den Boden nicht berühren.

Weitere Spielmöglichkeiten: Jedes Kind bekommt eine Fliegenklatsche und gemeinsam versuchen sie nun damit, die Luftballons anzustoßen und so in der Luft zu halten.

Oder die Kinder gehen paarweise zusammen und versuchen, einen Ballon zwischen zwei Körperteilen zu transportieren, ohne ihn fallen zu lassen. Sie suchen selbst nach geeigneten Transportmöglichkeiten (z. B. Ballon zwischen den Bäuchen einklemmen und gemeinsam rückwärts- und vorwärtslaufen oder den Ballon zwischen Stirn, Rücken oder Po klemmen). Luftballon Seite an Seite zwischen Ellenbogen, Kopf oder Hüfte einklemmen. Im Krabbelgang den Luftballon zwischen die Stirne klemmen. Oder Rücken an Rücken setzen und im Sitzen den eingeklemmten Ballon transportieren.

Luftballonraupe: Jeweils vier bis sechs Kinder stellen sich eng hintereinander auf. Zwischen Bauch und Rücken der Kinder wird jeweils ein aufgeblasener Luftballon geklemmt. Die Kinder versuchen, sich gemeinsam fortzubewegen, ohne einen Ballon zu verlieren.

Bewegungszirkel

Ein Bewegungszirkel fordert die Kinder zur Bewegung heraus. Hier entdecken sie ihre Stärken und Grenzen und lernen ihren Körper besser kennen. Bei den vorgestellten Übungen wird die Muskulatur der Arme, Beine, des Rückens und des Pos beansprucht.

Material: Laufkarten (Kopiervorlage im Anhang), Malstifte, Materialien für die einzelnen Stationen

Aufwärmen: Durch Aufwärmübungen wird der Organismus vorbereitet, das Herz, der Kreislauf, die Atemtätigkeit werden aktiviert und die beanspruchte Muskulatur wird aufgewärmt.

Unsere Wirbelsäule ist sehr beweglich. Sie besteht aus vielen einzelnen Knochenwirbeln und ermöglicht es uns, sich wie alle möglichen Tierarten zu bewegen.

Beispiele:

- Auf allen vieren wie eine Katze krabbeln und einen Katzenbuckel machen.
- Rückwärts im Spinnengang laufen.
- Die Wirbelsäule durchhängen lassen und auf allen vieren als Hängebauchschwein krabbeln.
- Sich ganz klein machen und einrollen wie ein Igel.
- Als Schlange auf dem Boden schlängeln.
- Sich groß machen und einen langen Giraffenhals zeigen.
- Sich wie eine schwabbelige Qualle bewegen.
- Die Wirbelsäule ganz gerade halten und wie ein Pinguin umherwatscheln.
- Sich als Eule auf den Boden setzen und den Kopf langsam nach links und rechts drehen.

In unserem Körper sind alle Knochen durch Gelenke miteinander verbunden. Dadurch können wir uns bewegen. Wie ist es, wenn wir die Gelenke beim Gehen ganz steif lassen? Und jetzt bewegen wir unsere Gelenke.

Die Kinder bewegen sich zuerst ganz steif wie ein Roboter und bringen anschließend viele Gelenke in Bewegung, z. B.:

- Hüpfen: Beine auf und zu, mit beiden Beinen, auf einem Bein
- Hampelmann
- Auf den Rücken legen und mit den Beinen Fahrrad fahren
- Beine in Rückenlage hoch als Kerze strecken und gerade halten
- Arme wie ein Windrad im Kreis bewegen
- Die Arme nach außen öffnen und gestreckt wieder vor dem Oberkörper zusammenführen
- Im Sitzen die gestreckten Beine wie eine Schere auf und zu bewegen
- In Sitzposition – die Beine liegen geöffnet und gestreckt am Boden – den Oberkörper und die Arme abwechselnd zum linken und rechten Bein beugen und mit den Händen versuchen, die Zehenspitzen zu berühren

Übungsstationen: Im Vorfeld werden mehrere Übungsstationen ausgewählt und aufgebaut, in denen die Kinder auf unterschiedliche Weise ihre Ausdauer, Geschicklichkeit, Koordination und Muskelkraft trainieren können. Die Kinder trainieren gleichzeitig an verschiedenen Stationen und wechseln im Kreistraining zu der jeweils nächsten/freien Station. Bei einer kleinen Kindergruppe sollten die Kinder die Dauer an den Stationen selbst bestimmen. Bei einer größeren Gruppe bestimmt die Spielleitung die Dauer und gibt für alle das Zeichen für den Wechsel. Für die leistungsstärkeren Kinder die Übungen durch entsprechende Varianten anspruchsvoller machen und Schwächere durch Hilfen motivieren. Stationen, die nur von einem Kind ausgeführt werden können, können auch zweimal aufgebaut werden, sodass alle Kinder in Bewegung sind. Die Kinder erhalten zu Beginn Laufkarten mit einem Körperbild. Nach jeder Bewegungsübung malen sie die Körperstellen an, die sie am meisten gespürt haben. Dazu an jeder Station ein bis zwei Malstifte bereitlegen (zur besseren Orientierung für jede Station eine andere Farbe wählen).

Damit sich unsere Gelenke und Knocken bewegen können, brauchen wir unsere Muskeln. Sie sind an den Knochen und Gelenken festgewachsen. Wir haben überall Muskeln: am Bauch, am Rücken, an den Armen und Beinen. Heute werden wir Übungen machen, bei denen wir unsere Muskeln ganz bewusst brauchen. Achtet genau darauf, wo ihr euren Körper ganz besonders spürt.

Wäsche aufhängen (Bauch und Po)

Material: 2 große Stühle, 2 Reifenständer, 2 Gymnastikstangen, 1 Schnur, ca. 5 Chiffontücher und 5 Wäscheklammern

Zwei Stühle aneinanderstellen. Davor zwei Reifenständer mit Gymnastikstangen platzieren und eine Schnur als Wäscheleine (Höhe in Stuhlsitzfläche) spannen. Chiffontücher und Wäscheklammern bereitlegen.

Die Kinder legen sich bis zur Hüfte auf die Stühle. Jetzt heißt es Wäsche aufhängen. Hierfür beugen sie sich nach unten, nehmen sich ein Tuch und eine Wäscheklammer, gehen wieder mit dem Oberkörper nach oben in waagerechter Körperstellung und hängen das Tuch an die Leine. Wenn alle Tücher aufgehängt sind, geht es rückwärts – alle Tücher werden wieder abgehängt.

Rollbrettfahrt (Rücken)

Material: ca. 2 Rollbretter, ca. 2 Softbälle, Verkehrshütchen, Langbank, Tisch

Die Hütchen im Slalom aufbauen. Eine Langbank parallel zur Wand in ca. 1 m Abstand von dieser platzieren und einen Tisch als Tunnel aufstellen.

Die Kinder legen sich mit dem Bauch auf das Rollbrett und klemmen einen Softball mit den Füßen an den Po. Mit den Händen bewegen sie sich im Slalom um die Hütchen, zwischen der Wand und einer Langbank und unter dem Tisch hindurch.

Regeln für das Rollbrettfahren:

- Lange Haare zusammenbinden
- Rollen beim Fahren nicht berühren
- Nicht mit anderen zusammenstoßen, auf andere achten
- Nicht auf das Rollbrett stellen
- Rollbrett nach Gebrauch herumdrehen, sodass die Räder nach oben zeigen

Rollbretttunnel (Arme)

Material: Rollbrett, 2 Turnseile, 2 Langbänke, 3 bis 4 Turnmatten

Zwei Langbänke parallel stellen und Turnmatten als Tunnel darüberlegen. Ein langes Turnseil (zwei zusammengebundene Turnseile) unter den Tunnel führen und gegenüber an einer Sprossenwand oder Halterung befestigen. Die Kinder legen sich mit dem Bauch auf das Rollbrett und ziehen sich mit den Armen am Seil vorwärts durch den Tunnel.

Ballwurf (Arme)

Material: 1 kleiner Kasten, 1 Ball (Medizinball), 1 Reifen

Einen Reifen parallel in geringem Abstand zum umgedrehten Kasten stellen.

Die Kinder stehen mit beiden Beinen in dem Reifen und versuchen, den Ball mit beiden Händen in den Kasten zu werfen.

Kuscheltierschaukel (Bauch und Beine)

Material: Matten, Kuscheltiere

Die Kinder legen sich mit dem Rücken auf die Matte. Zwischen die Füße klemmen sie ein Kuscheltier und bewegen die gestreckten Beine nun langsam nach rechts und links wie eine Schaukel.

Hoch- und runtersteigen (Beine)

Material: Sprossenwand, Ballkissen oder Matte

Vor die Sprossenwand ein Ballkissen oder eine Matte legen. Die Kinder stellen sich auf das Ballkissen oder die Matte und halten sich mit den Händen schulterhoch an der Sprossenwand fest. Abwechselnd steigen sie nun mit den Füßen auf eine der unteren Sprossen und wieder zurück auf das Ballkissen und immer so weiter.

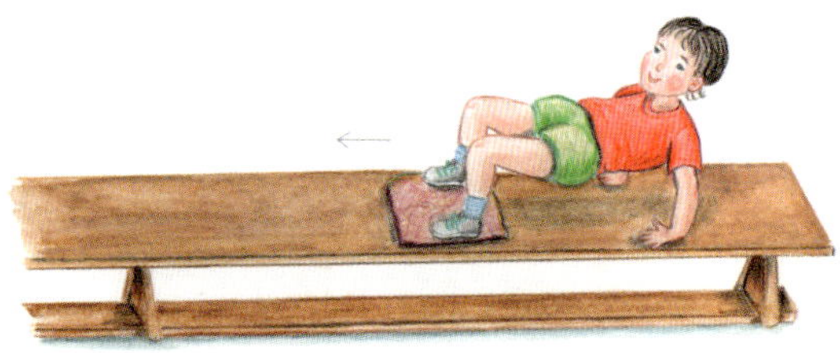

Spinnengang (Po)

Material: Langbank, ca. 2 Teppichfliesen

Die Kinder bewegen sich im Spinnengang über eine Langbank (rücklings Hände und Füße auf die Langbank setzen, den Po anheben und den Bauch nach oben strecken). Die Füße stehen dabei auf einer Teppichfliese und schieben diese im Spinnengang voran.

Tamburinspiel (Bauch)

Material: kleines Tamburin mit Schlegel, 1 Matte, 1 kleiner Kasten

Eine Matte direkt an einen Kasten legen. Die Kinder liegen mit dem Rücken auf der Matte mit dem Po nah am Kasten und stützen ihre Unterschenkel und Füße auf dem Kasten ab. Zwischen die Füße klemmen sie ein kleines Tamburin und in einer Hand halten sie den Schlegel. Die Kinder bewegen sich mit ihrem Oberkörper nach oben und schlagen auf das Tamburin. Anschließend legen sie ihren Oberkörper wieder auf die Matte ab und bewegen sich erneut nach oben zum Tamburin und immer so weiter.

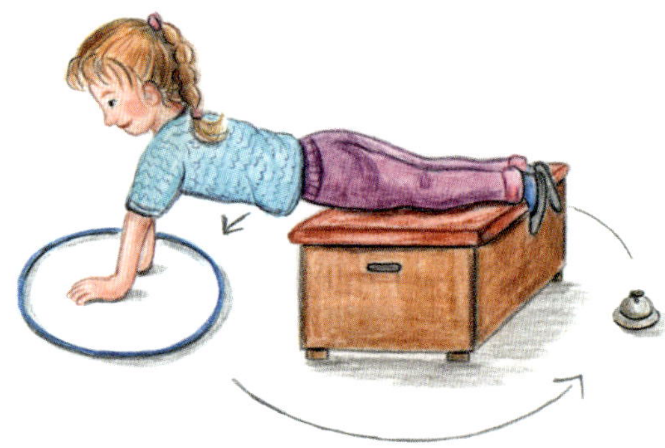

Klingelspiel (Rücken)

Material: 1 kleiner Kasten, 1 Klingel, 1 Reifen

Einen kleinen Kasten aufstellen, auf eine Seite einen Reifen legen und auf die andere eine Klingel stellen. Die Kinder legen sich mit den Unterschenkeln auf den Kasten und stützen sich mit den Händen auf dem Boden ab. Sie beginnen am Reifen, die Hände sind im Reifen. Von dort laufen sie mit den Händen einen Halbkreis um den Kasten zur Klingel und klingeln. Dann geht es wieder weiter im Halbkreis zum Reifen. Wie viele Runden schaffe ich?

Möhren ziehen (Arme)

Alle Kinder legen sich mit dem Bauch auf den Boden und bilden gemeinsam einen Kreis – der Kopf zeigt zur Kreismitte. Dabei halten sich die Kinder fest an den Händen, sodass eine möglichst stabile Verbindung besteht. Die Kinder sind die Möhren, die im Boden ganz feststecken. Ein Kind oder die Spielleitung spielt den Bauern, der die Karotten ernten möchte. Heute darf er sich die leckersten Karotten aussuchen und versuchen, diese aus der Erde zu ziehen. Hierfür nimmt er ein Kind an den Beinen und zieht daran, bis sich das Gemüse aus dem Boden herausgelöst hat (das Kind von der Gruppe gelöst wurde). Die übrigen Karotten schließen wieder den Kreis und geben einander Halt. Die geerntete Karotte wird nun ebenfalls zum Bauern und hilft bei der Ernte. Das Spiel wird so lange gespielt, bis alle Karotten geerntet sind.

Abschluss

Gemeinsam betrachten die Kinder ihre angemalten Laufkarten. Wo haben sie ihren Körper, ihre Muskeln besonders gespürt? Anhand der Laufkarten können sie die Ergebnisse vergleichen und sich austauschen. Als Abschluss können die Kinder sich gegenseitig massieren, das tut gut und entspannt.

Partnerspiele

Kinder bewegen sich gerne gemeinsam. Bei den Partnerspielen müssen sie kooperieren, sich aufeinander einlassen, ihre Bewegungen und ihr Tempo aufeinander abstimmen, sich führen lassen oder den anderen führen und Rücksicht aufeinander nehmen. Das erweitert die Bewegungserfahrungen und die Sozialkompetenz.

Material: Tanzmusik, Löffel und Kartoffeln oder Tischtennisbälle, Pappscheiben oder Teppichfliesen, Hütchen, Teller und Bälle – evtl. Geräte und Gegenstände für einen Hindernisparcours, Tücher, große Gymnastikbälle, Gymnastikstäbe, für den Eisenbahnparcours: Seile, Langbank, Bretter, Stühle und Tische

Einstieg und Aufwärmen: Alle Kinder laufen paarweise Hand in Hand zur lebhaften Musik im Raum umher. Sobald die Musik stoppt, erhalten sie Aufgaben, die sie gemeinsam lösen und umsetzen sollen, z. B.:

- Gemeinsam auf einem Bein hüpfen
- Sich an den Händen fassen und wie im Karussell drehen
- Paarweise Rücken an Rücken setzen, sich mit den Armen einhängen und sich vor und zurück wie eine Wippe bewegen
- Beide Partner sitzen auf dem Boden mit gestreckten Beinen einander gegenüber, sodass sich die Fußsohlen berühren, und halten sich an den Händen. Gemeinsam bewegen sie sich als Wippe mit dem Oberkörper vor und zurück.
- Ein Partner sitzt mit eng an den Körper angewinkelten Beinen auf dem Boden und der andere steht dicht vor ihm. Beide fassen sich an den Händen. Es wird nun ein wechselseitiges, gleichzeitiges Hinsetzen und Aufstehen vollzogen – während der Hinsetzbewegung des einen Partners führt der andere Partner die Aufstehbewegung aus. Dabei müssen die Arme stets gestreckt bleiben, damit die Übung gut klappt.
- Zwei Kinder stellen sich Rücken an Rücken und versuchen, sich gleichzeitig hinzusetzen und wieder aufzustehen.

Schubkarrenlauf

Die Kinder gehen paarweise zusammen. Ein Kind ist die „Schubkarre" und das andere der Führer. „Die Schubkarre" stützt sich mit den Händen am Boden ab und der Führer umfasst die Beine, hebt sie hoch und gemeinsam laufen die Kinder vorwärts.

Hinweis: Die Kinder sollten für diese Übung etwa gleich stark sein.

Baumstammrolle

Die Kinder gehen in Dreiergruppen zusammen. Ein Kind ist der Baumstamm und liegt ausgestreckt auf dem Boden. Die beiden anderen sind Waldarbeiter. Sie müssen den Baumstamm vorsichtig zur anderen Seite rollen. Danach werden die Rollen getauscht.

Kartoffellauf zu zweit

Zwei Kinder geben sich je eine Hand. Jedes Kind bekommt in die freie Hand einen Löffel mit einer Kartoffel. Die Kinder müssen nun vom Start- zum Zielpunkt laufen und ihre Kartoffel dabei möglichst nicht fallen lassen.

Variante: Geübte Kinder können auch einen Tischtennisball im Löffel transportieren – erschwerte Übung.

Rücken-an-Rücken-Lauf

Jeweils zwei Kinder gehen Rücken an Rücken und laufen im Slalom um Hütchen. Ein Kind läuft dabei vorwärts und das andere rückwärts. Danach Rollentausch.

Schlittschuhfahrt

Die Kinder stehen mit den Füßen auf Pappscheiben (diese sollten etwas größer als die Füße sein). Zwei oder mehrere Kinder halten sich an den Händen fest und fahren gemeinsam Schlittschuh. Dazu hören sie gerne eine beschwingte Musik.

Tellerlauf

Jeweils zwei Kinder halten gemeinsam einen Teller. Auf diesen wird ein Ball gelegt. Die beiden müssen nun ganz vorsichtig eine bestimmte Strecke entlanglaufen, ohne den Ball zu verlieren. Geübte können auf ihrem Weg mit dem Teller gemeinsam eine Langbank oder Stuhlreihe als Hindernis überqueren oder im Slalom um Hütchen laufen.

Dreibeinlauf

Mit einem Tuch das linke Bein eines Kindes mit dem rechten des Partnerkindes verbinden. Auf diese Weise miteinander verbunden und aufeinander angewiesen, legen die Spielpartner nun eine gemeinsame Strecke zurück.

Gymnastikballrollen

Zwei Kinder geben sich beide Hände und versuchen nun, mit ihren Körpern einen Gymnastikball durch eine Slalomstrecke zu rollen. Dabei können sie mit unterschiedlichen Körperteilen (Hüfte, Beine, Po) den Ball in Bewegung setzen und koordinieren, sie dürfen nur die Hände nicht loslassen. Gar nicht so einfach, aber es macht auf alle Fälle riesigen Spaß.

Eisenbahnparcours

Die Kinder bilden jeweils zu zweit oder dritt eine Eisenbahn. Hierfür stehen sie hintereinander, halten sich links und rechts an einem Gymnastikstab fest und bewegen sich mit den Stäben gleichmäßig vorwärts. Das erste Kind ist der Lokomotivführer und bestimmt die Fahrtrichtung. Die Rollen der Kinder immer wieder tauschen. Wenn sie die Fahrt gut beherrschen, geht es zum Eisenbahnparcours zur Eisenbahnstrecke. Hierfür werden Seile als Schienen parallel auf den Boden gelegt. Langbänke, Bretter oder eine Stuhlreihe können als Brücken aufgebaut werden. Als Tunnel eignen sich Tische.

Gemeinsam fährt nun jede Eisenbahn entlang der Schienen (zwischen den Seilen), über die Brücken (Langbänke, Bretter, Stuhlreihe) und unter den Tunnel (Tische) – Vorsicht, Kopf einziehen und bücken.

Vertrauensspiele

Durch das gegenseitige Führen und Geführtwerden lernen die Kinder, Verantwortung zu übernehmen, sich auf andere einzulassen und dem anderen zu vertrauen. Das macht Mut und gibt Selbstsicherheit.

Geführt werden

Die Kinder stellen sich jeweils paarweise hintereinander auf. Das hintere Kind legt seine Hände auf die Schultern seines Partners und gemeinsam bewegen sie sich vorwärts. Das hintere Kind schließt dabei die Augen. Wie ist es, wenn das vordere die Augen schließt und sich vom hinteren Kind über die Berührung der Schultern lenken lässt? Danach Rollen tauschen.

Getragen werden

Material: Matten

Mehrere Matten aneinanderlegen. Jeweils ca. sechs Kinder bilden eine Gasse und halten den Gegenüberstehenden mit beiden Händen fest. Die Spielleitung hebt ein Kind vorsichtig auf die Arme der Kinder. Die Aufgabe der tragenden Kinder ist es nun, das liegende Kind gemeinsam zu den Matten zu tragen und es vorsichtig darauf abzusetzen. Wer traut sich, sich von den anderen tragen zu lassen? Für die Kinder ist es ein schönes Erlebnis, von anderen getragen zu werden.

Von den Wellen getragen

Material: Turnmatten und tragfestes Tuch oder Decke

Ein großes Tuch wird auf aneinanderliegenden Matten ausgebreitet. Ein Kind legt sich mit dem Rücken auf das Tuch. Die anderen verteilen sich mit der Spielleitung um das Tuch, halten es, heben das liegende Kind vorsichtig an und lassen es leicht, wie auf dem Wasser, hin und her schaukeln. Wer traut sich, sich von den Wellen tragen zu lassen?

Transportband

Material: Turnmatten

Mehrere Matten direkt aneinanderlegen. Die Kinder legen sich dicht aneinander in Bauchlage auf die Matten. Ein Kind legt sich mit dem Kopf voraus auf die Rücken der vorderen Kinder. Die Kinder drehen sich nun alle gemeinsam als Transportband in dieselbe Richtung auf den Rücken und wieder auf den Bauch. Dadurch wird das oben liegende Kind weitertransportiert bis zum Ende der Kinderreihe. Wer traut sich, sich von anderen transportieren zu lassen?

Rollbrettfahrt

Material: Turnseile und Rollbretter

Die Kinder gehen paarweise zusammen. Ein Kind setzt sich auf das Rollbrett, hält sich mittig an einem Seil fest und wird von seinem Partner durch den Raum geschoben. Alternativ beide Hände dem Partner reichen und sich so vorwärtsziehen lassen. Wie ist es mit geschlossenen Augen? Danach Rollentausch.

Hinweis: Hier ist besondere Vorsicht geboten. Nicht zu nah an den Wänden fahren und Vorsicht vor den anderen Fahrern!

Busfahrt

Material: Langbank und 4 bis 6 Rollbretter

Vier bis sechs Rollbretter unter eine umgedrehte Langbank legen. Die Kinder sitzen hintereinander auf der Bank und stellen ihre Füße auf die breite Fläche der Langbank. Die Spielleitung schiebt mit ein paar Helfern (ältere Kinder oder ein weiterer Erwachsener) den Bus durch die Halle. Wer traut sich, während der Fahrt die Augen zu schließen? – Aber gut festhalten! Ein schönes Gemeinschaftsangebot, das die Kinder gerne genießen.

Reise mit dem Zauberteppich

Kinder lieben es, in fantastische Länder einzutauchen, in andere Rollen zu schlüpfen und sie durch die Bewegung zu erleben. Durch den Wechsel von Ruhe und Körperbewegung können sie ihre Bewegungen bewusster ausführen und wahrnehmen.

Material: Zauberteppich (großer Teppich), Meditationsmusik, Turngeräte und Materialien für die einzelnen Länder

Die Spielleitung lädt die Kinder ein, mit ihr in ferne Länder zu fliegen. Ein großer Teppich wird als Zauberteppich ausgebreitet, auf dem es sich die Kinder gemütlich machen und mit dem sie in beeindruckende Länder fliegen. Während des Fluges lauschen die Kinder einer Meditationsmusik und die Spielleitung stimmt sie auf das Reiseziel ein. Sie erzählt ihnen vom besonderen Land, das sie nun gleich besuchen werden:

Macht es euch auf dem Zauberteppich gemütlich und freut euch auf eine Reise mit mir. Langsam erhebt sich der Teppich in die Luft. Er steigt immer höher und höher, die Wolken sind ganz nah. Hier oben ist es ganz leise. Von hier oben sieht man die Häuser und Bäume nur noch ganz klein. Ab und zu fliegt ein Vogel vorbei, dem wir fröhlich winken.
Unser erster Besuch wird im Land der Riesen sein. Macht euch bereit, spürt, wie eure Beine länger werden und eure Arme wachsen. Unser Teppich landet sicher auf einer Wiese. Wir stehen auf und begeben uns ins Riesenland.

Im Land der Riesen

Material: ca. 10 große Stühle, kleine und große Kästen, Turnmatten

Aufbau Riesenland: Stühle mit der Lehne zum Drübersteigen als Berge im kleinen Abstand aneinanderstellen. Kästen als Felsen hintereinander aufstellen und mit Matten absichern.

Bei Musikstopp bewegen sich die Kinder im Raum als Riesen. Sie strecken die Arme hoch und stampfen mit ihren Füßen fest auf den Boden. Dann klettern sie über den Stühleparcours (Berge) und steigen von Kasten zu Kasten (Felsen).

Für Riesen ist es ein Leichtes, hohe Berge zu besteigen, und ihre langen Beine ermöglichen es ihnen sogar, von Fels zu Fels zu klettern.

Im Zwergenland

Material: 4 große und kleine Stühle, 2 alte Spannbetttücher, Kriechtunnel, ca. 5 Reifenständer und 5 Turnreifen

Unser Besuch im Land der Riesen ist beendet. Unsere nächste Reise wird ins Land der Zwerge führen. Spürt, wie ihr allmählich zu schrumpfen beginnt und immer kleiner werdet. Bald seid ihr nur noch kleine Wesen, die unter die kleinsten Löcher und Schlupfwinkel passen. Im Zwergenland gibt es viele Höhlen und kleine Unterschlüpfe, wo sich die Zwerge mit Freude immer wieder verstecken und wo sie durchkriechen. Sie sind so klein, dass nur sie da durchkommen, ein Großer hätte hier keinen Platz.

Aufbau Zwergenland: Jeweils vier große und vier kleine Stühle hintereinander als Zwergenhöhlen zum Durchkriechen stellen und mit jeweils einem Spannbetttuch behängen. Einen Kriechtunnel aufbauen und jeweils einen Reifen in einen Reifenständer stellen.

Die Kinder machen sich nun so klein wie möglich und bewegen sich als Zwerge. Sie krabbeln oder kriechen durch die kleinen Höhlen und Schlupfwinkel. Nach einer gewissen Zeit machen sie sich wieder auf den Flug zu einem anderen Land.

Im Land der fliegenden Hexen

Material: Hexenbesen (kleine Besen, Stäbe oder lange Pappröhren)

Nun fliegen wir weiter. Freut euch auf das Land der fliegenden Hexen! Sie fliegen schnell und wendig auf ihren Besen durch die Luft. Keiner fliegt so schnell wie sie, sie sind ruckzuck immer woanders und sind so geschickt, dass sie niemals mit einer anderen Hexe zusammenstoßen. Spürt, wie Energie in euren Körper fließt.

Die Kinder nehmen sich einen Besen und fliegen damit frei im Raum. Dabei achtet jede Hexe darauf, dass sie keine andere mit ihrem Besen trifft. Die Hexen probieren mehrere Flugtechniken aus, z. B. schnellen Flug, wendigen Flug, Rückwärtsflug, Flug in Seitwärtsposition oder in geduckter Haltung.

Im Land der starken Piraten

Material: Weichbodenmatte, ca. 6 Rollbretter, Turnseil

Es geht wieder weiter, ins Land der Piraten. Piraten sind stark und mutig. Sie besitzen ein großes Piratenschiff, mit dem sie die Meere überqueren. Heute werden wir ihnen einen Besuch abstatten und einmal selbst mit einem Piratenschiff über das Wasser fahren. Spürt, wie mutig und stark ihr werdet.

Aufbau Piratenschiff: Eine Weichbodenmatte auf sechs Rollbretter als Piratenschiff legen. An einer Seite der Matte an den Schlaufen ein Turnseil zum Ziehen befestigen.

Die Kinder zeigen sich nun gegenseitig ihre Muskeln mit angewinkelten Armen und gehen mutig und stark umher. Dann heißt es, gemeinsam das Piratenschiff zu hissen. Ca. fünf bis acht Piraten machen es sich auf dem Schiff (Weichbodenmatte) bequem und die Spielleitung und evtl. ein anderer Pirat beginnen, kräftig am Seil zu ziehen, sodass das Schiff in Fahrt kommt. Aber Vorsicht, dass kein Pirat über Bord fällt! Danach dürfen die anderen mit dem Schiff fahren.

Im Land der Seen

Material: kleine Hüpfbälle (ca. 20 Stück), Eimer

Jetzt geht es wieder weiter. Unter uns befinden sich unzählige Bäche und Seen. Wir fliegen direkt zu einem großen See. Hier schwimmen die flinksten Fische, die im Wasser bunt schimmern. Wenn wir landen, dürft ihr gleich im Wasser herumtollen. Ich bin gespannt, ob ihr die flinken Fische fangen könnt.

Der Raum stellt einen großen See dar. Die Spielleitung wirft mehrere Hüpfbälle als flinke Fische in den Raum. Diese sollen die Kinder fangen. Die eingefangenen Hüpfbälle im Eimer können erneut von der Spielleitung geworfen werden, um das Spiel zu verlängern.

Heimkehr

Nun wird es langsam Zeit, wieder heimzufliegen. Der Zauberteppich hebt ab und fliegt über Wiesen, Wälder, Berge und Felder. Genießt den Wind, der leicht hin und her weht. Ganz langsam kommen wir zurück zur Erde und die erlebnisreiche Reise ist zu Ende.

Hinweis: Die Besuchsländer können variiert werden. Es müssen auch nicht alle besucht werden. Gerne denken sich auch die Kinder Länder aus, in die sie gerne gemeinsam mit dem Zauberteppich fliegen. Die Ideen der Kinder aufzugreifen, regt ihre Fantasie an und die Kinder fühlen sich bestärkt und miteinbezogen.

Gemeinsame Abenteuertour

Ein Erlebnisturnspiel, das das Wir-Gefühl stärkt. Die Kinder agieren und kooperieren gemeinsam in der Gruppe. Es lauern Gefahren, die gemeinsam überwunden werden müssen. So spüren sie, dass jeder Einzelne wichtig ist und dass es schön ist, sich gegenseitig zu helfen. Das macht sie mutig und stark.

Für diese Spielaktion sollte eine Turnhalle oder ein anderer großer Raum vorab mit einfachen Spielgeräten zu einer abwechslungsreichen Spielfläche gestaltet werden. Die Spielleitung leitet die Abenteuertour ein:

Es ist noch früher Morgen. Heute möchte ich mit euch auf Abenteuertour gehen. Gemeinsam werden wir mit einem Boot auf einem Fluss fahren und lassen uns überraschen, wo unsere Fahrt hingeht. Steigt gemeinsam mit mir ins Boot und schon kann es losgehen.

Alle in einem Boot

Material: Matten

Ca. zwei Matten liegen der Länge nach als Fluss aneinander. Alle Kinder sitzen im Grätschsitz in einer Reihe hintereinander auf den Matten und halten sich an den Schultern des Vorderkindes fest. Die Spielleitung sitzt als Führer mit dem Gesicht zu den Kindern und hält das erste Kind an den Händen fest. Sie erzählt den Kindern von einer wilden Fahrt über den Fluss und bewegt ihren Oberkörper entsprechend nach links, rechts, vorne oder hinten. Die Kinder bewegen den Oberkörper im gleichen Rhythmus. Am Schluss kann das Boot kentern und auf ein Kommando fallen alle gemeinsam zur gleichen Seite.

Zuerst tuckert unser Boot ganz gemütlich den Fluss entlang. Wir paddeln gemeinsam unser Boot vorwärts, indem wir uns gemeinsam vor- und zurückbewegen. Vor und zurück und immer wieder vor und zurück, ja, super macht ihr das, genau so kommen wir vorwärts, vor und zurück, immer weiter ... Unser Boot schaukelt ganz langsam nach rechts und links ... In wilder Fahrt geht es weiter über den Fluss. Haltet euch alle ganz fest. Das Boot schaukelt stark nach rechts und nach links ... Wir fahren direkt auf das Ufer zu. Unser Boot ist jetzt so schnell, dass es nach rechts kentert und wir alle gemeinsam ins weiche Gras auf die Wiese fallen.

Durch den Nebel

Material: Schaumstoffelemente oder Kissen, Hütchen, evtl. Augenbinden

Schaumstoffelemente oder Kissen als Hindernisse auslegen und Hütchen im Slalom aufstellen.

Hier an Land schauen wir uns gemeinsam um. Heute Morgen ist es noch sehr nebelig und der Nebel wird immer dichter, sodass wir kaum noch etwas sehen. Selbst die eigenen Kameraden sind nicht mehr sichtbar, wir können uns nur noch gegenseitig hören. Vorsichtig tasten wir uns gemeinsam voran.

Die Kinder gehen paarweise zusammen. Jeweils ein Kind hat die Augen geschlossen (wer sich traut, kann sich auch die Augen verbinden lassen) und wird von dem anderen geführt. Dieses gibt Anweisungen und Hilfestellung, sicher über die Hindernisse zu steigen, und führt sein Partnerkind um die Hütchen. Danach werden die Rollen getauscht.

Wackelbrücke über der Schlucht

Material: 2 kleine Kästen, Langbank, 10 bis 15 Gymnastikstäbe

Eine umgedrehte Langbank, die auf mehreren Gymnastikstäben zwischen zwei kleinen Kästen liegt, stellt die Wackelbrücke dar.

Der Nebel hat sich wieder aufgeklärt und die Sonne kommt hervor. Wir kommen an einer Schlucht vorbei. Nur eine Hängebrücke ermöglicht es uns, die Schlucht zu überqueren. Doch die Brücke ist sehr instabil, sodass immer nur einer die schmale Brücke überqueren kann.

Die Kinder steigen auf den kleinen Kasten und balancieren über die Langbank zum nächsten Kasten. Aus Sicherheitsgründen darf sich immer nur ein Kind auf der Langbank befinden. Kleinere Kinder und Kinder, die unsicher sind, werden von einem älteren Kind oder der Spielleitung an die Hand genommen.

Gerne balancieren die Kinder mehrmals über die Wackelbrücke.

Dichter Wald

Unser Weg führt direkt durch einen dichten Wald. Die Bäume stehen eng aneinander und die Äste reichen weit herab, sodass wir uns hindurchzwängen müssen. Wir bleiben alle dicht beieinander, damit keiner verloren geht.

Jeweils zwei Kinder stehen einander nah gegenüber. Sie strecken die Arme hoch, berühren sich mit den Händen und bilden so eine lange Gasse (dichter Wald). Das hinterste Kinderpaar läuft gemeinsam Hand in Hand durch die Gasse und stellt sich vor dem ersten Paar wieder als Gasse auf. Die Kinder bewegen sich so fortlaufend weiter bis zur anderen Seite.

Über den Bach

Material: Turnmatten, Teppichfliesen oder Holzkisten, Seile

Mehrere Turnmatten als Bach aneinanderlegen. In den Bach Teppichfliesen mit der rutschfesten Seite nach unten oder umgedrehte Kisten in Schrittlänge voneinander entfernt als Trittsteine auslegen (Abstand variieren). Seile als Schlangen machen die Szene noch realistischer.

Um weiterzukommen, müssen wir durch den Bach. Steine, die aus dem Wasser herausragen, ermöglichen es uns, den Bach zu überqueren. Doch im Bach lauern gefährliche Wasserschlangen. Also passt auf und tretet nicht neben die Steine!

Die Kinder gehen nun von Stein zu Stein über den Bach und dürfen dabei nicht danebentreten. Bei großen Abständen zwischen den Steinen helfen sie sich gegenseitig, indem sie einander die Hand reichen.

Alle unter einem Dach

Material: großes Tuch, Regenmacher

Plötzlich beginnt es heftig zu regnen. Zum Glück haben wir eine Plane dabei, unter der wir alle Platz haben und vor dem nassen Regen geschützt sind. Schnell, stellt euch alle gemeinsam unter die Plane!

Die Kinder halten gemeinsam ein großes Tuch über ihre Köpfe, sodass alle gut darunter stehen können. Die Spielleitung kann dazu mit einem Regenmacher den Regen simulieren. Wenn der Regen aufhört, kommen alle wieder unter dem Tuch hervor.

Flussüberquerung

Material: Rollbrett, langes Seil, 2 Turnmatten

Zwei Matten liegen im großen Abstand parallel zueinander als Ufer. Ein Rollbrett als Holzbrett und ein langes Seil liegen bereit.

Langsam wird es Zeit wieder heimzukehren. Gemeinsam erreichen wir wieder den Fluss, den wir überqueren müssen, doch leider haben wir kein Boot mehr und nicht jeder von uns kann schon schwimmen. Wie kommen wir nur herüber? Wir haben ein langes Seil und am Ufer liegt ein Brett. Einer schwimmt mit dem Seil rüber. Wer kann schwimmen?

Ein Kind oder die Spielleitung hält das Seil an einem Ende und schwimmt pantomimisch vom Ufer (Matte) über den imaginären Fluss. Das andere Seilende wird von den Kindern, die sich auf der gegenüberliegenden Seite am Ufer (Matte) des Flusses befinden, festgehalten. Die Kinder fahren nun der Reihe nach mit einem Rollbrett auf die andere Seite. Hierfür setzt sich ein Kind auf das Rollbrett und zieht sich mit den Händen am Seil nach vorne.

Heimkehr

Material: Weichbodenmatte

Eine Weichbodenmatte dient als Wiese, auf der es sich die Kinder gerne bequem machen und sich von der Abenteuertour etwas ausruhen.

Das letzte Stück laufen wir gemeinsam nach Hause. Endlich sind wir zu Hause angekommen. Müde und erschöpft lassen wir uns ins weiche Gras fallen. Wir schließen die Augen und atmen ruhig und tief ein und aus ... Der Abenteuertag ist zu Ende, der nur gemeinsam so schön werden konnte.

Draußen unterwegs – Naturerfahrungen mit allen Sinnen

Sinnliche Erfahrungen haben eine entscheidende Bedeutung für die Entwicklung der Gesamtpersönlichkeit und Intelligenz. Sie helfen, ein positives Selbstwertgefühl aufzubauen. Die Wahrnehmung der Kinder spielt eine wichtige Rolle für das Kind selbst. Kinder sammeln ihre Erfahrungen mit dem ganzen Körper. Für eine gesunde körperliche, geistige und seelische Entwicklung ist es wichtig, dass die Kinder Gelegenheiten zu möglichst vielfältigen Sinneserfahrungen haben. Mithilfe der Sinne sind die Kinder neugierig, aufnahmefähig und somit lernfähig. Über die Sinne erfahren sie alles über ihre Umgebung und sie ermöglichen ihnen, sich zurechtzufinden.

Durch die Zunahme des Medienkonsums, die Übergestaltung des Spielmaterials, das kaum noch Raum lässt für eigene Ideen und Kreativität, den Verlust natürlicher Spiel- und Bewegungsgelegenheiten und den Ersatz durch künstlich geschaffene Plätze zum Spielen haben Kinder weniger Möglichkeiten, ihre Umwelt über die Sinne, ihren Körper zu erfahren und diese Erfahrungen selbstständig zu machen. Die Natur bietet viele Möglichkeiten zum Spielen und die Kinder lieben es, draußen zu sein. Wald und Wiese laden zum Entdecken und Bestaunen ein. Es ist wichtig, oft mit den Kindern nach draußen zu gehen. Mit der richtigen Kleidung ist Bewegung auch im Regen oder Schnee möglich. Hier machen sie besonders viele sinnliche Erfahrungen, sie können sich nach Herzenslust austoben, sich freuen und gemeinsam lachen. Die frische Luft regt den Kreislauf an und unterstützt die Sauerstoffversorgung im Gehirn.

Naturerlebnistour – Alle Sinne hellwach

Kinder brauchen Herausforderungen. Sie wollen etwas gemeinsam erleben, aktiv werden und mit ihren Sinnen wahrnehmen.

Material: Rucksäcke und Proviant, Wanderkleidung und gutes Schuhwerk, Erste-Hilfe-Ausrüstung, weiteres Material bei den einzelnen Spielen

Die Naturspiele finden am besten in einem Waldstück und auf einer Wiese statt, die vorab vielleicht bei einem gemeinsamen Spaziergang erkundet wurden. Die Naturspiele können einzeln an mehreren Tagen durchgeführt oder es können auch einige Spiele als Naturerlebnistour zusammengestellt werden. Einzelne Stationen müssen im Vorfeld vorbereitet werden.

Zum Einstieg eröffnet die Spielleitung die Naturerlebnistour und lädt die Kinder ein, gemeinsam auf eine farbenfrohe Wiese und in den geheimnisvollen Wald zu gehen.

Sie weist die Kinder darauf hin, keine unbekannten Waldfrüchte, Beeren, Gräser und Pilze zu essen. Pflanzen, Zweige und Blätter von den Bäumen werden nicht wahllos abgerissen und es werden keine Tiere zertreten.

Die Farben der Natur

Material: Stofftaschen, großes weißes Tuch

Hier in der Natur gibt es alle Farben zu entdecken. Mit euren Augen könnt ihr all diese schönen Dinge sehen. Schaut euch um und seid gespannt, welche Farben ihr alle entdecken könnt.

Schon die Kleinen freuen sich, gemeinsam mit anderen auf Entdeckungsreise zu gehen. Je nach Jahreszeit gibt es die Farben Grün, Braun, Grau, Gelb, Orange, Rot, Blau, Lila und Weiß zu sehen. Viele unterschiedliche Farben findet man besonders auf einer Frühlingswiese oder im Herbst, wenn sich die Blätter färben. Die Kinder suchen gezielt nach verschiedenen Farben und sammeln sie in ihre Stofftaschen, z. B. grüne Blätter, braune Ästchen, graue Steine, weiße Federn, bunte Blumen usw. Nach einer bestimmten Zeit ruft die Spielleitung die Kinder von ihrer Sammeltour zurück. Die Kinder legen ihre Entdeckungen farblich sortiert auf ein weißes Tuch. Gemeinsam betrachten die Kinder die schönen Dinge.

Variante: Die Kinder können auch gezielt Dinge nach ihren Eigenschaften suchen: etwas Glattes, Raues, Weiches, Rundes, Spitzes, Leichtes, Schweres, Rotes, Gelbes etc.

Vertiefung: Mit den Naturgegenständen können die Kinder eine Bildkomposition oder ein gemeinsames Mandala legen, das anschließend fotografiert werden kann.

Die Kinder beginnen dazu mit einem Gegenstand in der Mitte, z. B. einem Schneckenhaus, und lassen das Mandala von hier aus gemeinsam wachsen. Beim gemeinsamen Legen darauf achten, dass jedes Kind die Möglichkeit hat, seinen Teil beizutragen. Deshalb sollte die Gruppengröße nicht zu groß sein (die Kinder evtl. in Kleingruppen aufteilen).

Mandala bedeutet so viel wie „Kreis", „Kreisbild". Ein Kreis, um dessen Zentrum sich alles dreht, „Mittelpunkt mit Umkreis". Mandalas stehen als Symbole der Kraft und des Göttlichen. Sie reflektieren durch ihre Form sowohl das äußere Universum als auch die innere Vollkommenheit. Sie sind Sinnbilder für Ruhe und Bewegung, Entstehen und Vergehen. Als wichtiges Merkmal steht die bedeutsame Mitte. In der Natur finden die Kinder viele Naturmandalas/Urformen des Kreises: die Form von Blumen, das Apfelgehäuse, der Querschnitt eines Baumstammes, ein Schneckenhaus, Schneeflocken, die Augen, konzentrische Kreise beim Werfen eines Steines ins Wasser – überall sind Kreisformen zu entdecken.

Den richtigen Baum finden

Material: verschiedene Früchte und Blätter von Bäumen

Vorab sammelt die Spielleitung verschiedene Blätter und Früchte von unterschiedlichen Bäumen.

Hier im Wald gibt es viele Bäume, sie sind ganz unterschiedlich. Jeder Baum ist etwas ganz Besonderes, so wie auch ihr. Hier habe ich ein paar Baumblätter und Früchte, schaut sie euch genau an und versucht herauszufinden, welcher Baum solche Blätter und Früchte/Samen trägt.

Die Spielleitung verteilt an die Kinder Blätter und Früchte, z.B. von Eicheln, Kastanien, Buchen, Ahorn, Tannen. Die Kinder betrachten und fühlen die Blätter und Früchte genau und nehmen Farbe, Form, Oberfläche wahr. Sie tauschen sich untereinander aus, vielleicht erkennen manche schon, von welchem Baum ein Blatt oder eine Frucht stammt. Die Kinder suchen einen entsprechenden Baum. Sie laufen gemeinsam los und halten nach einem bestimmten Baum Ausschau. Der Baum wird genau betrachtet. Welche Blätter trägt er? Wie fühlt sich die Rinde an? Wie riecht er? Danach wird nach dem nächsten Baum gesucht.

Variante: Ältere Kinder können auch mithilfe eines Rindenstücks einen Baum suchen.

Die Natur fühlen

Material: Decken, Naturgegenstände zum Streicheln

Die Haut ist unser größtes Sinnesorgan. Schützend umhüllt sie unseren Körper. Dank ihr können wir sanfte Berührungen, Druck, Wärme, Kälte, Bewegungen und Eigenschaften fühlen. Heute dürft ihr euch von der Natur streicheln lassen. Vieles fühlt sich bestimmt schön auf eurer Haut an. Manches gefällt euch vielleicht nicht so, wenn es z.B. kitzelt, aber dann dürft ihr ein klares Zeichen geben und eurem Partner sagen, wenn es euch nicht gefällt.

Die Kinder suchen Naturgegenstände zum „Streicheln" (z.B. Blätter, lange Grashalme, Farn, Federn). Paarweise finden sie sich zusammen. Ein Kind macht es sich auf der Decke gemütlich und darf dabei die Augen schließen, wenn es dies möchte. Das andere Kind streicht nun ganz vorsichtig mit den gesammelten Dingen über den Rücken, die Arme, Hände oder Wangen des liegenden Kindes. Dieses genießt die Streicheleinheiten und vielleicht kann es sogar erraten, mit welchem Gegenstand es gestreichelt wird. Danach werden die Rollen getauscht.

Klänge und Geräusche in der Natur

Klänge gehören zu den wichtigsten sinnlichen Erlebnissen. Von Geburt an, noch vor der Sprache, lernen wir Geräusche als akustische Reize kennen, meist verbunden mit unterschiedlichen Gefühlen.

Material: Naturmaterialien (Blätter, Nüsse, Kastanien, Rinde, Zweige, Äste, Stöcke, Steine)

Im Wald und in der Natur finden die Kinder eine Welt voller Klänge, Geräusche und Töne.

Hier entdecken sie, was klingt, raschelt, knarrt, klappert, und lauschen den Klängen, die den Wald erfüllen.

Die Natur steckt voller Klänge und Geräusche. Seid achtsam und auch leise, dann könnt ihr den Zauber der Natur mit euren Ohren hören.

Geräusche hören und lauschen

Die Kinder stellen sich in einen Kreis, schließen die Augen, sind ganz still und hören bewusst auf ihre Umgebung. Es ist erstaunlich, was man im Wald alles hören kann, wenn man ganz still ist – Blätterrauschen, Vogelgezwitscher, das Klopfen eines Spechtes, das Rascheln einer Maus ... Auch die Sommerwiese hat viele Geräusche zu bieten: die brummenden Hummeln, die summenden Bienen oder das Zirpen und Sirren von Grashüpfern und Grillen. Gerne lauschen die Kinder auch den Wassergeräuschen eines Baches. Das Wasser plätschert mal leise, mal laut, je nachdem, welche Hindernisse es auf seinem Weg bachabwärts überwinden muss. Gerne werfen die Kinder Steine ins Wasser. Wie das platscht!

Klänge und Geräusche erzeugen

Die Kinder machen sich nun auf die Suche, den Materialien des Waldes Klänge und Geräusche zu entlocken, und erzeugen auch selbst Klänge:

- Steine, Kastanien, Nüsse oder Äste lassen sich aneinanderschlagen.
- Mit trockenen Blättern kann man wunderbar rascheln.
- Über ein Stück Rinde mit einem Ast oder Stein fahren.
- Holz klingt besonders schön. Dazu nach unterschiedlichen Hölzern suchen – lange und kurze Stücke, festes, morsches, ausgehöhltes, trockenes und feuchtes Holz –, diese aneinanderschlagen und die entstandenen Töne vergleichen: Manche klingen leise, laut, hell, dumpf ...

Es sollte ausreichend Zeit sein, um eigene Ideen umzusetzen. Es ist erstaunlich, wie einfallsreich Kinder sind und welche Gegenstände sie zum Musizieren finden. Dabei werden sie schöpferisch tätig, die akustische Wahrnehmung wird besonders angesprochen und sie lernen, ihre Ideen anderen zu präsentieren und die Ideen der anderen anzunehmen. Gemeinsam können verschiedene Rhythmen mit harten Materialien (Steine, Stöcke) gespielt werden oder es kann mit den „Naturinstrumenten“ ein Lied begleitet werden.

Kräutersäckchen und Duftbilder

Material: verschiedene Kräuter, Stoffreste, Scheren, Bänder, Papier, Farbstifte

Hier in der Natur gibt es die unterschiedlichsten Gerüche und Düfte. Geht auf Entdeckungsreise und findet Düfte, die ihr mit eurer Nase riechen könnt.

Düfte in der Umgebung

Kinder sind von Natur aus neugierig und möchten ihr Umfeld erforschen. Sie können für Düfte und Gerüche sensibilisiert werden, wenn sie darauf aufmerksam gemacht werden, diese bewusst zu erleben und wahrzunehmen. Wer entdeckt etwas, das riecht? Bei einem Riechspaziergang durch Wald und Wiese riechen die Kinder an der Baumrinde, an Blumen, Moos, Zapfen, Kräutern, Erde und nehmen unterschiedliche Gerüche wahr. Wird ein Kräuterblatt mit den Fingern zerrieben, riecht es besonders intensiv. Die Naturdüfte/Kräuter können die Kinder gemeinsam sammeln und in der Einrichtung trocknen lassen. Wildkräuter sind oft an Weg- und Waldrändern, im Wald, auf Wiesen, an Hecken und im Garten zu finden.

Kräuterduftsäckchen

Für die getrockneten Kräuter basteln die Kinder gerne Säckchen, an denen sie riechen und deren Düfte sie mit nach Hause nehmen können. Aus einem Stoff schneiden sie einen Kreis aus (ca. in Größe eines Kuchentellers). Diesen füllen sie mit den getrockneten Kräutern und Blüten. Mit einem Band oder einer Schnur das Säckchen oben fest zubinden und fertig ist das Kräuterduftsäckchen.

Duftbilder

Die Kinder legen ein duftendes Kräuterblatt (Salbei, Melisse, Pfefferminze) unter ein Blatt Papier und halten es fest. Dann malen sie mit dem flach gehaltenen Stift über das Papier, bis sich der Umriss und die Struktur des Kräuterblattes auf dem Papier abzeichnen. Auf diese Weise können noch mehr Kräuterblätter auf das Blatt übertragen werden. Durch den Druck auf die Kräuter werden die Duftstoffe freigesetzt und übertragen sich aufs Papier.

Entlang der Schnur

Material: reißfeste, ca. 150 m lange Schnur, kürzere Schnüre, evtl. Glöckchen, leichte Tücher

Zur Vorbereitung eine reißfeste Schnur von Baum zu Baum spannen und gut festbinden. Die Schnur sollte in unterschiedlichen Höhen gespannt werden, aber für jedes Kind stets erreichbar sein. Zwischendurch können kürzere Schnüre als Spinnennetze gespannt werden oder Glöckchen und leichte Tücher an die lange Schnur gebunden werden. Im Abstand von mehreren Metern gehen die Kinder los.

Die Kinder halten sich mit den Händen an der Schnur fest und laufen an ihr entlang. Dabei müssen sie sich zum Teil bücken, zum Teil gestreckt gehen und unterschiedliche Bodenstrukturen überwinden. Bei einem „Spinnennetz" müssen sich die Kinder durchschlängeln, über die Schnüre steigen oder sich klein machen. Ab und zu hören sie den Klang eines Glöckchens oder spüren ein leichtes Tuch auf ihrer Haut. Kinder, die sich trauen, können mit geschlossenen Augen vorsichtig an der Schnur entlanggehen. Die Spielleitung macht die Kinder darauf aufmerksam, langsam zu gehen und auf mögliche Hindernisse zu achten.

Hinweis: Die Spielleitung vergewissert sich, dass sich an der Schnurstrecke keine Zweige in Augenhöhe der Kinder befinden.

Kletterseil

Wenn Kinder sich an etwas herantrauen und mit dem eigenen Handeln ein Erfolgserlebnis verbinden können, spüren sie Glück – sie freuen sich und sind stolz auf sich selbst. Besonders ängstliche Kinder fühlen sich in der Gruppe und durch die Hilfe der anderen ermutigt. So wird das Selbstbewusstsein der Kinder gestärkt und die Gemeinschaft gefestigt.

Material: 2 lange Kletterseile

Im Vorfeld werden zwei Kletterseile zwischen mehreren Bäumen in zwei Höhen gespannt (das untere Seil sollte ca. 50 cm über den Boden gespannt sein und der Abstand zum oberen Seil ca. 1 m betragen, je nach Größe der Kinder). Darauf achten, dass sich unter den Seilen keine Äste befinden, an denen die Kinder hängen bleiben könnten. Damit das Seil dem Gewicht der Kinder standhalten kann, wird es gut festgebunden, z. B. mit einem Schifferknoten. Dieser Knoten hält sicher, ist leicht zu knüpfen und lässt sich wieder lösen. Nacheinander stellen sich die Kinder im Abstand von ca. 1 Meter auf das untere Seil und halten sich am oberen fest. Vorsichtig bewegen sie sich seitwärts über das Kletterseil weiter. Sobald sie am Ende angelangt sind, können sie sich erneut auf den Weg über das Seil machen.

Baumstammbalance

Material: liegende Baumstämme

Die Kinder balancieren auf liegenden Baumstämmen. Hierbei geben sie sich bei Bedarf Hilfestellung. Sie können auch rückwärts auf den Baumstämmen balancieren oder jeweils zwei Kinder versuchen, auf einem Baumstamm aneinander vorbeizukommen.

Ca. sechs bis acht ältere Kinder können sich auf einen breiten, langen liegenden Baumstamm stellen und versuchen, sich nach Alter zu sortieren, ohne den Baumstamm zu verlassen. Es können auch andere Sortierkriterien gewählt werden, z. B. nach Körpergröße oder nach der Geburtstagsreihenfolge im Jahr.

Hinweis: Achtung, nicht alle Baumstämme sind zum Balancieren geeignet! Sie sollten nicht feucht und nicht mit Moos bewachsen sein – Rutschgefahr. Auch ist es wichtig, dass die Stämme fest liegen, nicht rollen oder kippen können.

Führen und folgen

Material: evtl. Augenbinden oder Tücher. Für die Variante: Seil

Je zwei Kinder finden sich zu einem Spielpaar zusammen. Ein Kind schließt die Augen (älteren Kindern können auch die Augen verbunden werden) und das andere führt das „blinde" Kind sicher einen bestimmten Weg entlang, z. B. um die Bäume herum, über das Laub, durch eine Wiese, über einen Steinweg. Wichtig ist, dass das führende Kind langsam läuft, sodass der Geführte Zeit und Gelegenheit hat, den Boden und die Umgebung bewusst zu spüren. Während des Laufens nehmen die Kinder Geräusche und die Veränderung des Untergrundes bewusst wahr, aber auch Gerüche werden für sie deutlicher. Danach werden die Rollen getauscht.

Im Anschluss an die Aktivität sollte Gelegenheit gegeben werden, sich über das Erlebte auszutauschen.

Variante: Zwei bis drei Kinder halten sich hintereinander an einem Seil fest. Dann werden sie mit geschlossenen oder verbundenen Augen und ohne zu sprechen von der Spielleitung oder von einem älteren Kind mitten durch eine Wiese oder den Wald geführt.

Glückssteine

Material: Schachtel, Moos, schöne Steine oder Halbedelsteine, Sprechstein

Bei einer Naturerlebnistour sollte ein schöner Abschluss nicht fehlen. Hierfür hat die Spielleitung vorab eine kleine Schachtel mit Moos ausgelegt und schöne Steine oder Halbedelsteine als Glückssteine hineingelegt. Die Kinder stellen sich im großen Kreis auf und werden ganz still. Die Spielleitung lässt einen „Sprechstein" im Kreis herumgehen, mit dessen Hilfe die Gesprächsrunde eingeleitet wird und der zum Sprechen motiviert. Die Spielleitung beginnt selbst, ihre Eindrücke zu schildern, und reicht dann den Stein an ein Kind weiter. Wer den Sprechstein in der Hand hält, hat das Wort, und alle anderen hören zu. Der Reihe nach darf nun jedes Kind über seine Empfindungen berichten. Was hat ihm am besten oder besonders gefallen? Wie fühlt es sich nach der Naturerlebnistour? Ist es vielleicht stolz und glücklich darüber, dass es viele Aufgaben bewältigt hat? Welche Spiele würde es gerne nochmals spielen?

Danach schließen alle die Augen, hören auf die Naturgeräusche und atmen die frische Luft ein und aus. Während die Kinder die Augen geschlossen halten, stellt die Spielleitung die Schachtel mit den Steinen in die Kreismitte. Die Kinder öffnen ihre Augen und betrachten die Schachtel. Gemeinsam werden Vermutungen angestellt, was die Schachtel zu bedeuten hat. Dann dürfen die Kinder die Schachtel öffnen und jedes Kind erhält als Anerkennung für seinen Mut und sein Teamwork einen Glücksstein.

Nähe, Ruhe und Geborgenheit – Massage und Entspannungsübungen

Wir alle wissen, wie wichtig körperliche Nähe, Ruhe und Entspannung ist. Das vermittelt uns das Gefühl von Zuneigung, Wärme und Geborgenheit. Die Kinder erleben die heutige Zeit oft als hektisch, stressig und reizüberflutend. Durch den gefüllten Alltag bleibt ihnen oft nicht genügend Raum zum Träumen, Entspannen und Abschalten.

Durch Massage- und Entspannungsübungen können sie wieder zur inneren Ruhe finden. Spielerisch werden das Einfühlungsvermögen für andere, die Körperwahrnehmung und das Körperbewusstsein gestärkt. Das unterstützt die positive Entfaltung der kindlichen Persönlichkeit und macht sie selbstsicher.

Kinder sind oft sehr offen für Entspannungsübungen und nehmen gerne daran teil. Sie helfen ihnen, ihren Körper besser kennenzulernen und mit ihm vertrauter zu werden.

In der Natur zur Ruhe kommen

Kinder beobachten gerne. Sie werden dabei innerlich ruhig, lassen sich ein, entdecken und staunen über die faszinierende Welt der Natur. So können sie abschalten und die Ruhe genießen.

Material: Decken

In der Natur, im Wald oder auf einer abgelegenen Wiese suchen sich alle einen gemütlichen Platz und machen es sich auf ihren Decken bequem. Die Kinder lassen die Natur auf sich wirken und beobachten, was um sie herum geschieht: Schmetterlinge flattern, Käfer krabbeln hurtig über Blätter und Gräser, Schnecken verfolgen langsam, aber stetig ihren Weg, Gräser, Blumen und Zweige wiegen sich sanft im Wind, Wolkenbilder sind zu sehen und Wolken ziehen vorbei ... Anschließend erzählen die Kinder von ihren Eindrücken. Sie schließen die Augen und konzentrieren sich auf das, was sie hören: Vögel zwitschern, Blätter rascheln, Insekten surren ... Danach tauschen sie sich über das Gehörte aus.

Fantasiereisen, die Kraft geben

Kinder tauchen gerne in die Welt der Fantasieerlebnisse ein. Sie genießen die Ruhe und beginnen zu träumen. Oft lassen sich gerade lebhafte Kinder auf Fantasiegeschichten ein und kommen zur Ruhe.

Material: Decken, ruhige Meditationsmusik, passendes Element für die Mitte (blaues Tuch, Sterne, Naturmaterialien ...)

Einstieg: Eine Fantasiereise kann drinnen oder draußen stattfinden. Wichtig ist, zu Beginn eine ruhige Atmosphäre zu schaffen. Decken liegen bereit, sie sind in einem großen Kreis angeordnet und die Mitte kann im Vorfeld gemeinsam mit den Kindern gestaltet werden, z.B. durch ein blaues Tuch mit Sternen oder einen Kranz mit Zapfen und Blättern. Durch ein kurzes Gespräch bereitet die Spielleitung die Kinder auf die Reise vor. Die Kinder sollen es sich auf ihren Decken bequem machen und ihre Augen schließen.

Durchführung: Die Spielleitung regt sie zunächst an, sich auf einige Atemzüge, auf den Atem und das Spüren des eigenen Körpers zu konzentrieren. Im Hintergrund lässt sie ruhige Meditationsmusik laufen. Diese wirkt auf die Kinder beruhigend und hilft ihnen, sich auf die Geschichte einzulassen und sich zu konzentrieren. Wichtig ist, dass die Geschichte langsam vorgelesen wird und immer wieder kurze Pausen gelassen werden. Dann haben die Kinder die Möglichkeit, das Gehörte zu verinnerlichen.

Rückführung und Vertiefung: Am Ende der Geschichte brauchen die Kinder Zeit, um zurückzukommen. Sie bleiben noch entspannt liegen, bevor die Spielleitung zum Gespräch über die Fantasiegeschichte ansetzt. Die Kinder berichten, wie sie die Reise empfunden haben und was für sie besonders schön war. Sie können ihre Erlebnisse auch aufmalen und so ihre inneren Bilder zum Ausdruck bringen.

Glücksstern

Material: kleine Sterne

Lege dich gemütlich hin und schließe die Augen. Stell dir vor, es ist Abend und du liegst schon in deinem Bett. Vom Bett aus kannst du direkt zum Fenster schauen und die Sterne beobachten. Heute sind sie besonders klar und deutlich zu sehen und sie leuchten so wunderschön. Du stehst auf und gehst zum Fenster. Plötzlich fliegt etwas Kleines und Zartes direkt zu dir auf die Fensterbank. Es ist die Sternenfee, sie ist wunderschön. Sie trägt ein Kleid, das wie die Sterne leuchtet, und sie hat durchsichtig schimmernde, zarte Flügel. Sie möchte mit dir eine

Reise zu den Sternen machen und fragt dich, ob du mit ihr fliegen willst. Du bist ganz aufgeregt, sagst ja und reichst ihr die Hand.

Die Sternenfee pustet Sternenpulver auf dich und schon beginnst du zu schweben. Immer höher und höher fliegst du nun gemeinsam mit der Fee zu den Sternen. Immer näher kommt ihr den Sternen und die Sterne leuchten immer heller und schöner.
Doch ein Stern leuchtet ganz besonders, nur für dich. Es ist dein Glücksstern. Stell dir deinen eigenen Glücksstern vor. Wie sieht er aus? Welche Farbe hat er? Was ist besonders an ihm?
Du landest direkt auf ihm. Leise flüstert der Stern: „Willkommen, ich bin dein Glücksstern. Heute ist dein Glückstag und ich schenke dir Sternenstaub, der dir Glück und Kraft geben soll." Du liegst ganz entspannt auf dem Stern. Hier ist es angenehm und du fühlst dich wohl und geborgen. Überall um dich herum ist kostbarer Sternenstaub.
Du atmest ganz ruhig und atmest den kostbaren Sternenstaub ein. Versuche, deinen Atem zu spüren, wie er sanft hinein- und wieder hinausfließt ... Ganz ruhig und regelmäßig atmest du ein und aus ... Ja, du machst das toll. Atme immer weiter und fühle, wie du den Sternenzauber einatmest. Mit jedem Atemzug nimmst du die Kraft des Sternenstaubs in dir auf. Er wärmt dich und macht dich froh.
Langsam wird es Zeit, wieder heimzukehren. Du verabschiedest dich von deinem Glücksstern. Die kleine Fee begleitet dich nach Hause. Und ihr fliegt wieder gemeinsam zurück zu deinem Haus. Du winkst der Sternenfee zum Abschied: „Danke, besuch mich mal wieder." Jetzt liegst du wieder in deinem Bett und fühlst dich einfach gut. Heute hast du eine so schöne Reise erlebt, die dir Kraft gegeben hat. Glücklich schläfst du ein.

Ganz langsam wirst du am Morgen wieder wach und reckst und streckst dich. Du öffnest deine Augen und siehe da, neben dir liegt ein kleiner Stern von der Sternenfee, es ist dein Glücksstern, der nur dir ganz alleine gehört.

Anregung: Passend zur Geschichte legt die Spielleitung neben jedes Kind einen kleinen Stern. Wenn es die Augen öffnet, freut es sich, etwas von der Sternenfee geschenkt bekommen zu haben.

Zauberbaum

Mach es dir gemütlich und beginne zu träumen. Stell dir vor, dass die Sonne scheint, es ist warm und du läufst durch einen Wald. Du kennst diesen Wald und bist den Weg schon viele Male gegangen. Unter deinen Füßen spürst du den weichen Blätterboden. Du bist umgeben von riesigen Bäumen. Hier im Wald gibt es einen ganz besonderen Baum. Es ist dein Zauberbaum, er ist groß und stark und dein Lieblingsbaum. Stell dir deinen eigenen Baum vor. Welche Blätter trägt er? Was für eine Rinde hat er?

Du läufst direkt auf ihn zu. Er erkennt dich sofort und sagt dir freundlich: „Guten Tag." Er neigt seine starken Äste zu dir herunter, sodass du mühelos auf ihn hinaufklettern kannst.
Vorsichtig machst du es dir auf einem dicken Ast bequem. Hier bist du sicher und du fühlst dich geborgen, denn der Baum hat dich gern, sehr gern sogar. Der große Baum trägt dich und gibt dir Halt. Du kannst dem Baum alles erzählen, was dich bewegt, er hört dir ruhig zu.

Du atmest die frische Luft ein, immer wieder atmest du ein und aus und ein und aus. Das tut gut. Du spürst, wie du immer ruhiger, zufriedener und glücklicher wirst.

Du schaust hoch zu den Zweigen. Sie wiegen sich sanft im Wind und die Blätter rascheln ganz leise nur für dich. Da siehst du genau über dir ein kleines Eichhörnchen, das von Ast zu Ast springt. Es ist ganz flink und ruckzuck ist es auch schon wieder fort.

Im Wald ist es ganz still, du genießt die Ruhe und lauscht dem lieblichen Zwitschern der Vögel. Und da fliegt auch schon ein Vogel zu deinem Baum und setzt sich zu dir auf einen Ast. Frech und fröhlich zwitschert er dir zu und hüpft ganz aufgeregt hin und her. Er freut sich, dass er heute Besuch hat, und singt dir freudig sein schönstes Lied.

Jetzt wird es langsam Zeit, wieder nach Hause zu gehen. Der Baum neigt seine Äste vorsichtig zu Boden, sodass du mühelos wieder heruntergleiten kannst. Du schmiegst dich zum Abschied fest an den Baumstamm und spürst, wie sich die Kraft auf dich überträgt, eine Zauberkraft, die dir Halt, Mut und Sicherheit gibt. Zum Dank streichelst du deinem Baum sanft über die Rinde und er raschelt mit seinen Blättern zum Abschied.

Jetzt gehst du denselben Weg wieder über den weichen Waldboden zurück nach Hause.
Ganz langsam kommst du zu Hause an und öffnest deine Augen.

Anregung: Die Spielleitung geht mit den Kindern in den Wald. Hier darf sich jedes Kind einen Baum aussuchen, den es genau betrachtet. Wie sehen seine Blätter aus? Welche Rinde hat er? Welche Stärke und Größe hat er? Was ist besonders an ihm? Die Kinder umarmen den Baum, schließen die Augen und nehmen ihn ganz bewusst wahr. Sie spüren die Rinde und riechen seinen Duft. In aller Stille treten die Kinder mit dem Baum in Kontakt und kommen so innerlich zur Ruhe.

Meditationslichterspirale

Bei einer Meditation können die Kinder in die Stille eintauchen, kommen zur Ruhe, staunen und freuen sich über das Licht. Besonders in der Weihnachtszeit genießen die Kinder den Glanz der Lichter und die ruhige Besinnlichkeit.

Material: Tannenzweige, Zapfen, Sterne (aus Tonkarton); kleine Gläser mit breiter Öffnung, Sand und Teelichtern; Meditationslichter (z. B. Gläser von Babynahrung mit Transparentpapier bekleben, mit etwas Sand füllen), große standfeste Kerze, ruhige Meditationsmusik und evtl. von der CD von Hans Spielmann: „Lichtertanz – Helle Lieder und Tänze für die dunkle Jahreszeit“ das Lied „Funkle, funkle, kleiner Stern“

Vorbereitung: Im Vorfeld mit den Kindern Meditationslichter basteln. In einem großen Raum (Bewegungsraum) eine große Spirale mit Tannenzweigen legen. Von innen dazwischen eine zweite Spirale wieder nach außen legen. An der äußeren Schneckenform in kleinen Abständen zwischen die Wedel Sterne legen, auf die später die Meditationslichter gestellt werden. Die innere Spirale mit Zapfen zieren. In die Mitte eine große standfeste Kerze stellen. Kleine Gläser bis zur Hälfte mit Sand füllen und ein Teelicht hineinstellen (Docht muss nach oben stehen: leichteres Anzünden für die Kinder). Den Raum evtl. etwas abdunkeln.

Zur Meditation läuft eine ruhige Meditationsmusik. Schon wenn die Kinder leise den Raum betreten, sind sie ganz fasziniert und freuen sich auf das Angebot. Sie setzen sich ruhig auf eine Bank und lassen das Geschehen auf sich wirken.

Die Spielleitung beginnt und läuft mit einem Glas mit Teelicht entlang der Spirale zur Mitte. An der großen brennenden Kerze zündet sie ihre Kerze an, läuft wieder nach außen und stellt sie auf einen Stern. Jedes Kind bekommt nun der Reihe nach ein Glas mit Teelicht und läuft wie die Spielleitung entlang der Schnecke zur Mitte. Dort zündet es sein Licht an (jüngeren Kindern Hilfestellung geben), trägt es vorsichtig nach außen und stellt es auf einen freien Stern. Mit jedem Licht wird die Spirale heller und schöner.

Danach zündet die Spielleitung die Meditationslichter der Kinder an. Die Kinder laufen mit ihren Lichtern hinter der Spielleitung hintereinander zur ruhigen Musik oder zu einem besinnlichen Lied (z. B. „Funkle, funkle, kleiner Stern“) entlang der Spirale zur Mitte und wieder nach außen.

Die Spielleitung läuft mehrere Durchgänge mit den Kindern, wie sie es für angemessen empfindet.

Massagegeschichten

Massagegeschichten helfen Kindern, zur Ruhe zu kommen und zu entspannen. Die körperliche Nähe bei der Massage vermittelt das Gefühl von Wärme, Zuneigung und Geborgenheit. Das Körperbewusstsein der Kinder und das Einfühlungsvermögen für andere werden gefördert.

Für die folgenden Massagegeschichten gehen die Kinder zu zweit zusammen und suchen sich einen Platz auf einer Decke. Eines der Kinder legt sich bäuchlings auf die Decke und macht es sich bequem. Das andere Kind setzt sich daneben, dem liegenden Partner zugewandt. Die Spielleitung trägt eine Geschichte vor und macht die Massagebewegungen an einem Kind vor. Das sitzende Kind massiert das liegende Kind dazu sanft. Danach werden die Rollen getauscht.

Vom Korn zum Brot

Es ist Frühling, die Sonne wärmt die Erde.
Mit den Händen den Rücken wärmen.
Der Bauer sät Getreidesamen in die Erde.
Mit den Fingern leicht über den ganzen Rücken tippeln.
Zum Wachsen brauchen die Körner Regen.
Mit den Fingern auf den Rücken regnen lassen.
Und die warme Sonne.
Mit den Händen den Rücken wärmen.
Und so vergehen viele Tage und Monate und aus den Körnern wächst das Getreide heran, bis es reif ist. Es trägt am langen Halm viele Getreidekörnchen, die sich goldgelb gefärbt haben.
Leicht mit den Händen von unten nach oben fahren.
Nun fährt der Bauer mit seinem Mähdrescher auf den Getreideacker und erntet es.
In mehreren Reihen mit den Fäusten über den Rücken fahren.
Die Körner werden zur Mühle gebracht und aus den Körnern mahlt der Müller das Mehl.
Mit den Händen über den ganzen Rücken fahren.
Der Bäcker braucht das Mehl zum Backen. Er vermischt es mit Wasser, etwas Salz und Hefe.
Drehende Bewegungen mit den Handflächen auf dem Rücken machen.

Daraus entsteht ein Teig, den der Bäcker gut durchknetet.

Leicht den Rücken massierend kneten.

Aus dem Teig formt der Bäcker Brötchen, Brot und viele leckere Dinge.

Mit den Handflächen auf dem Rücken von außen nach innen fahren.

Jetzt müssen die Teigwaren nur noch in den Backofen und werden gebacken.

Rücken mit den Händen wärmen.

Mmmm, wie das duftet.

Der kleine Delfin

Diese Übung wirkt beruhigend, vor allem auf Kinder, denen es an Selbstvertrauen fehlt und die sehr ängstlich sind.

Ein kleiner Delfin schwimmt fröhlich und vergnügt im Meereswasser.

Gerne lässt sich der Delfin einfach von den Wellen treiben, weit über das Meer. Hier im Wasser hat er alles, was er braucht, und er kann sich frei bewegen.

Ganz leicht das Kind mit den Händen hin und her wiegen. Es soll ein sanftes Wiegen entstehen, keine wilde Schaukelei.

Der Delfin ist aber nicht alleine, es gibt noch viele andere Delfine, die mit ihm schwimmen. Er liebt es, in Gesellschaft zu sein und mit seinen Freunden das Meer zu erkunden. Gemeinsam macht alles viel mehr Spaß, so wie bei euch Kindern.

Kind leicht schaukeln lassen.

Wenn die Delfine am Meeresgrund schwimmen, können sie ganz nah die kleinen Fische beobachten. Sie schimmern in allen Farben und schwirren ausgelassen hin und her.

Mit den Händen sanft über den Rücken fahren.

Manchmal vollführen die Delfine auch gemeinsam richtige Kunststücke auf dem Wasser. Sie springen in hohem Bogen über das Wasser. Das macht Spaß, immer wieder von Neuem springen sie aus dem Wasser und holen dabei Luft, die sie zum Atmen brauchen.

Mit den Händen sanft auf den Rücken patschen.

Wenn die Delfine müde sind, lassen sie sich einfach ins flache Wasser gleiten und sich von den warmen Sonnenstrahlen ihren Rücken wärmen, das tut gut.

Mit den Handflächen über den Rücken fahren und ihn damit wärmen.

Und so geht es Tag für Tag, dass die Delfine gemeinsam spielen und schwimmen, denn Freunde zu haben ist das Schönste, was es gibt!

Das Kind leicht hin und her wiegen.

Igelballmassage

Igelbälle sind sehr beliebt bei den Kindern. Aussehen und Form motivieren, sie in die Hand zu nehmen und mit ihnen zu spielen. Kinder sind fasziniert von den „Igeln", die sich gut auf ihrem Körper anfühlen. Bei einer Massage wird die taktile Ebene angeregt und die Kinder spüren in ihrem Körper Entspannung und Beruhigung.

Material: Igelbälle in der Anzahl der Kinder, weiche Unterlagen

Zu Beginn bekommt jedes Kind einen Igelball und darf damit selbst hantieren, z. B. ihn in den Händen kugeln lassen, den Igelball mit den Füßen kugeln oder ihn um den Körper wandern lassen. Die Kinder suchen nach Möglichkeiten, wie der Igelball von einer Hand zur anderen über den Körper wandern kann. Gemeinsam werden dann die Ideen der Kinder aufgegriffen:

- Igelball um die Taille im Kreis wandern lassen.
- Igelball im Knie-Fersen-Sitz um die Beine rollen.
- Igelball über den Kopf und hinter dem Po in die andere Hand übergeben.
- Igelball über dem Rücken übergeben, eine Hand von oben nach hinten, die andere von unten nach hinten ...

Massage: Die Kinder massieren mit dem Igelball verschiedene Körperteile, z. B. ihre Hände, Arme, Schultern, Beine, Füße, den Bauch. Hier nehmen sie ganz bewusst ihren eigenen Körper wahr. Aufgrund der Noppen erfahren sie eine massierende und durchblutungsfördernde Anregung.

Partnermassage: Die Kinder gehen paarweise zusammen. Ein Kind macht es sich auf einer weichen Unterlage bequem und das andere lässt einen Igelball als „neugieriger Igel" passend zur Geschichte über den Körper des liegenden Kindes wandern. Anschließend werden die Rollen getauscht und die Kinder dürfen über ihre Empfindungen berichten.

Der kleine Igel

Ein kleiner Igel liegt warm und geborgen in seinem Blätterhaus.

Den Igelball auf dem Rücken leicht kreisen lassen.

Fröhlich und munter tippelt er auf einen kleinen Hügel. Heute möchte er die schöne Umgebung erkunden. Hier oben hat er eine gute Aussicht und kann bis runter ins Tal blicken.

Igelball zum Po wandern lassen.

Zwei Wege führen nach unten, einer rechts und einer links. „Hier unten ist es bestimmt schön", denkt sich der Igel und purzelt vergnügt den Abhang hinab und rollt und rollt und rollt immer weiter, bis er ganz weit unten ist. Das hat Spaß gemacht!

Igelball vom Po ein Bein entlang nach unten bis zum Fuß rollend nach unten bewegen.

Jetzt tippelt er wieder ganz hinauf, ganz langsam geht es vorwärts, eine lange Strecke.

Den Igelball wieder langsam nach oben zum Po bewegen.

Dann erklimmt er wieder den kleinen Hügel und purzelt an der anderen Seite den Abhang hinab und rollt und rollt und rollt und rollt immer weiter, bis er ganz unten ist. Ja, das macht Spaß!

Igelball über den Po, dann über das andere Bein bis runter zum Fuß rollend bewegen.

Hier gefällt es dem kleinen Igel und er schnüffelt mit seiner kleinen Nase hin und her, ganz vorsichtig und langsam.

Mit dem Igelball die Fußsohlen leicht massieren.

Nun macht er sich wieder auf den Weg zurück, ganz hinauf eine lange Strecke und über den kleinen Hügel.

Igelball wieder über das Bein zum Po nach oben wandern lassen.

Neugierig tippelt der kleine Igel diesmal weiter, bis hoch hinauf, dann läuft er einen ganz schmalen Weg entlang und wieder zurück. Und auf der anderen Seite entdeckt er noch mal einen schmalen Weg. Und neugierig, wie der kleine Igel ist, läuft er auch diesen entlang, bis der Weg endet.

Den Igelball vom Po über den Rücken zur Schulter über einen Arm bis zur Hand, dann wieder zurück über den Arm und die Schulter und zum anderen Arm massierend bewegen.

Jetzt ist der kleine Igel aber vom vielen Laufen müde geworden und so läuft er langsam wieder zurück zu seinem Blätterhaus.

Wieder den Igelball über den Arm zurück zum Rücken wandern lassen.

Gemütlich lässt er sich in seinem Blätterhaus nieder. Hier ist es warm und er fühlt sich geborgen. Müde und glücklich schläft der kleine Igel ein und träumt von der schönen Umgebung, die er heute erkundet hat.

Mit dem Igelball sanft den Rücken massieren und langsam ruhen lassen.

Waschstraße

Die Kinder genießen es, in der Waschstraße von den anderen verwöhnt zu werden. Jedes Kind hat eine Funktion und wird gebraucht.

Material: Langbank, 2 Chiffontücher, 2 Igelbälle

Eine Langbank dient als Waschstraße. Ein Teil der Kinder spielt die Waschstraße und die anderen werden gewaschen. An der Waschstraße (Langbank) stehen sich jeweils zwei Kinder gegenüber, die die Funktionen ausführen: Zwei Kinder lassen das Wasser laufen, zwei seifen ein, zwei schrubben mit den Igelbällen und am Ende der Waschstraße (hinter der Langbank) stehen zwei Kinder mit Tüchern als Föhn.

Es begibt sich nun in fortlaufender Richtung ein Kind in Bauchlage auf die Langbank. Zwei Kinder patschen nun sanft auf den ganzen Körper spielerisch Wasser. Dann rutscht das Kind ein Stück weiter und die nächsten Kinder streifen den ganzen Körper sanft imaginär mit Seife ein. Danach rutscht es wieder weiter und wird von zwei Kindern liebevoll mit Igelbällen geschrubbt, sanft massiert. Das Kind ist nun ganz sauber gewaschen, steht auf und geht zum Trocknen. Zwei Kinder bewegen Tücher über dem Kind und erzeugen somit Föhnwind.

Die Rollen der Kinder werden immer wieder getauscht.

Was braucht mein Körper? – Angebote zur Gesundheitsförderung

Die Erziehung zu einer gesunden Lebensweise ist allen ein großes Anliegen. Für die geistige und körperliche Entwicklung und für das Wohlbefinden ist es wichtig, dass die Kinder wichtige Nährstoffe wie Eiweiß, Mineralstoffe, Vitamine, Spurenelemente, Ballaststoffe und Wasser in ausreichender Menge über eine gesunde, nährstoffreiche und ausgewogene Nahrung erhalten.

Kinder lieben es, selbst aktiv zu werden, gemeinsam etwas zuzubereiten und gemeinsam zu essen. Ihr Interesse für die Herkunft der einzelnen Grundlebensmittel und dafür, was daraus gemacht werden kann, ist groß. Butter wird aus Milch hergestellt und die Milch kommt von den Kühen – was für die Kinder im alltäglichen Leben oft undurchschaubar geworden ist, kann ihnen wieder nahegebracht werden. So erfahren sie viel über gesunde Lebensmittel und können diese mehr wertschätzen.

Ernährung sollte einen wichtigen Platz im Kindergarten einnehmen. Beim gemeinsamen Essen und Zubereiten von Mahlzeiten erfahren die Kinder auf einfache Weise, was es heißt, sich gesund zu ernähren. Die Kinder können die Grundlebensmittel Wasser, pflanzliche Nahrungsmittel und tierische Produkte kennenlernen, erleben neue Geschmacksrichtungen und erweitern ihre Kenntnisse über ausgewogene Ernährung und gesunde Nahrungsmittel.

Was ist gesund?

Der Kindergarten kann dazu beitragen, dass Kinder bewusster essen. Hier lernen sie vor allem in der Gemeinschaft. Gemeinsam schmeckt es besser und es wird auch etwas Unbekanntes probiert.

Anhand einer Lebensmittelpyramide oder eines Ernährungskreises kann die Spielleitung den Kindern veranschaulichen, welche Lebensmittel oft zu sich genommen werden sollen, wie z. B. Getränke (Wasser, ungesüßter Tee, Saftschorle), Obst, Gemüse, Getreideprodukte, Kartoffeln, welche in Maßen – Milch und Milchprodukte sowie Fisch, Fleisch, Wurst und Eier – und welche nur in geringen Mengen – Fette und Öle sowie Süßigkeiten, salzige und fettreiche Snacks.

Gespräch: Die Spielleitung spricht mit den Kindern über die Bedeutung der verschiedenen Lebensmittel, die für ihr Wachstum, ihre Energieerhaltung und ihr Wohlbefinden notwendig sind. Die Kinder sprechen über Vorlieben für bestimmte Lebensmittel und die Spielleitung erarbeitet mit ihnen, ob diese gesund sind oder ob nur wenig davon gegessen werden sollte: Was esse ich am liebsten? Was schmeckt mir nicht? Was braucht mein Körper, um gesund zu bleiben und Energie zu erhalten? Kohlenhydrate, Eiweiß, Vitamine, Mineralstoffe, Ballaststoffe. Warum ist Gemüse und Obst so gesund? Was ist noch gesund? Warum sollte man von Süßigkeiten nur wenig essen? Was gehört alles zu den Süßigkeiten? Auch Limonaden, Fruchtjoghurts und Müsliriegel enthalten viel Zucker.

Schlappe Kobolde und muntere, gesunde Zauberwesen

Eine Geschichte, ein Bewegungsspiel und ein selbst gemachter „Zaubertrank" verdeutlichen, welche Vorzüge es hat, sich gesund zu ernähren.

Der gesunde Zaubertrank

Tief im Zauberwald, da wohnen die Kobolde. Das sind kleine und scheue Wesen, kaum einer hat sie je gesehen. Frühmorgens, wenn der Nebel noch auf den Blättern liegt und die Sonne noch nicht aufgegangen ist, wagen sie sich nach draußen. Sie bleiben oft verborgen und meiden die Sonne. Früher waren sie auch am Tage unterwegs, doch seit einiger Zeit werden sie von Tag zu Tag schwächer. Sie fühlen sich oft müde und schwach. Oft schauen sie aus ihren Höhlen sehnsüchtig den Zauberwesen, Hexen, Zauberern und Feen zu, die voller Energie über den Zauberwald fliegen, tanzen und ausgelassen spielen. Doch die Kobolde sind meistens zu schwach, um nach draußen zu gehen, und befürchten, beim kleinsten Wind einen Schnupfen zu bekommen. Ihre Zeit vertreiben sie sich am liebsten drinnen und naschen dabei die süßesten Köstlichkeiten. Sie trinken gerne Limonade, essen gerne Schokolade, Gummibärchen, Kekse und lutschen an leckeren bunten Bonbons. Nur schade, dass von all den leckeren Köstlichkeiten ihnen manchmal ganz schlecht wird, sie Bauchweh bekommen und auch noch ihre Zähne schlecht werden.

Das muss ein Ende haben, denkt sich einer der vielen Kobolde, und beschließt, die Zauberwesen zu besuchen und herauszufinden, warum

es ihnen so viel besser geht. Und so kommt es, dass sich der Kobold eines Tages auf den Weg zu den Zauberwesen macht. Von Weitem kann er schon die vielen Feen, Hexen und Zauberer lachen und vergnügt spielen hören. Sie sind voller Freude und Energie. Als die Zauberwesen den Kobold erblicken, freuen sie sich riesig, dass sie endlich mal wieder Besuch von einem Kobold erhalten. Eifrig decken sie den Tisch und tragen köstliche Speisen auf, um ihren Gast einzuladen. Es gibt frisch gebackenes Brot mit leckeren Kräuteraufstrichen, Salat und Obst als Nachtisch. „Lecker, ganz anders als zu Hause", denkt sich der Kobold, der nur Süßigkeiten von zu Hause gewohnt ist. Ja, es schmeckt dem Kobold ausgezeichnet. „Komm morgen wieder", sagen die Zauberwesen, „und bring deine Freunde mit, wir werden mit euch einen gesunden Zaubertrank zubereiten, damit ihr wieder zu Kräften kommt und euch endlich mal wieder ans Tageslicht traut."
Glücklich und gestärkt macht sich der Kobold auf den Weg nach Hause. Dort warten schon neugierig die anderen Kobolde und lassen sich berichten, was der Kobold heute alles erlebt hat. Sie freuen sich sehr über die Einladung der Zauberwesen und können vor lauter Vorfreude den nächsten Tag kaum abwarten.
Früh am Morgen brechen die Kobolde gemeinsam auf und erreichen bald das Tal der Zauberwesen. Sie werden freundlich von den Hexen, Feen und Zauberern begrüßt und gemeinsam beginnen sie mit den Vorbereitungen des Zaubertranks. Sie sammeln gemeinsam die leckeren Beeren im Wald, füllen Krüge mit frischem Quellwasser, suchen nach erfrischenden Minzeblättern und schneiden Obst in kleine Stücke. Das alles füllen sie in ein riesiges Gefäß und bereiten aus all den Zutaten einen gesunden Zaubertrank zu. Jeder darf davon kosten.
Der Zaubertrank schmeckt köstlich und die Kobolde spüren, wie sie langsam zu Kräften kommen. Auch genießen sie die warmen Sonnenstrahlen, und die frische Luft tut ihnen gut. Ausgelassen tanzen und spielen sie mit den Hexen, Feen und Zauberern den ganzen Tag und fühlen sich glücklich, gesund und wohl.
Von nun an sieht man auch die Kobolde wieder draußen. Auch sie suchen nun nach Beeren und Kräutern, um sich gesund zu ernähren. Süßigkeiten findet man nun nur noch selten bei ihnen. Und von Tag zu Tag geht es den Kobolden wieder besser.

Kobolde und Zauberwesen

Material: Weichbodenmatten, beschwingte Musik

Die Kinder spielen zur Verdeutlichung der Geschichte die Kobolde, die sich ungesund mit viel Süßem ernähren, nach. Sie sind träge und schlaff, jede Bewegung ist anstrengend. Dies können die Kinder sehr gut nachempfinden, wenn sie über die nachgiebigen Weichbodenmatten laufen. Dagegen ist es ein Leichtes, sich frei im Raum zu bewegen. Die Kinder spielen zum Vergleich die Zauberwesen nach, die sich gesund mit Obst, Gemüse, Kräutern und viel frischem Wasser ernähren. Die Zauberwesen fühlen sich leicht, beschwingt und munter. Zu einer fröhlichen Musik können sich die Kinder als Zauberwesen unbeschwert zur Musik bewegen und tanzen.

Ein Zaubertrank für starke Kinder

Zutaten: Wasser, Traubensaft, Zitronenmelisse, Obst der Saison (Beeren, Wassermelone, Apfel, Birne ...)

Material: großer Zaubertopf (durchsichtiges Gefäß: Glasschüssel), Schöpflöffel, Schneidebrettchen und Küchenmesser, Kinderschürzen, pro Kind ein Glas und Löffel

Die Spielleitung bereitet mit den Kindern einen Zaubertrank zu.

Genauso fit wie die Zauberwesen wollen wir sein, deshalb machen wir uns heute auch einmal einen leckeren Zaubertrank aus gesunden Zutaten. Ihr werdet spüren, wie gut der wirkt und wie stark wir uns danach fühlen.

Für den Zaubertrank waschen die Kinder die Melisse und das Obst. Anschließend zupfen sie die Blätter von den Melissenstängeln und schneiden das Obst in mundgerechte kleine Stücke. Dann füllen sie die Schüssel mit Wasser und geben etwas Traubensaft, die Beeren und das klein geschnittene Obst hinzu. Am Schluss streuen sie noch die Melissenblätter auf den Zaubertrank.

Wie wäre es noch mit einem Zauberspruch, den die Kinder gemeinsam sprechen?

Hokuspokus, gesund soll's sein,
für jeden etwas Leckeres sein.
Wasser und Saft
geben uns Kraft.
Obst, Beeren und Kräuter
machen uns munter.
Hokuspokus, eins, zwei, drei,
fertig ist's durch Zauberei.

Fertig ist der gesunde Zaubertrank, der nicht nur bunt und lecker aussieht, sondern auch köstlich schmeckt. Mit einem Schöpflöffel können die Kinder nun den selbst gemachten Zaubertrank in ihre Gläser füllen.

Ein ansprechendes und gesundes Frühstück

Kinder sind von Natur aus neugierig und probieren gerne verschiedene Lebensmittel aus. Schon in den ersten Jahren kann ein Bewusstsein für gesunde Ernährung geweckt werden. Bei den Kindern spielt das Vorbild eine große Rolle, deshalb sollte den Kindern eine gesunde, vielseitige Ernährung vorgelebt werden. Gerne bereiten sie aus Grundlebensmitteln etwas gemeinsam zu. So können sie Getreide direkt zu Mehl verarbeiten und daraus leckere Vollwertbrötchen backen. Mit Sesam, Mohn, Sonnenblumen- und Kürbiskernen können diese verziert werden. Gerne bereiten die Kinder gesunde Brotgesichter zu oder leckere Obst- und Gemüsevariationen, denn wie heißt es so schön? Das Auge isst mit! Oder wie wäre es mit einem selbst gemachten Müsli aus Haferflocken, Sonnenblumenkernen, Rosinen, klein geschnittenem Obst mit Milch oder Naturjoghurt? Kinder lieben Farben und mit frischem Obst und Gemüse kann man jede Mahlzeit bunt machen. Selbstständig mitzuhelfen bei der Zubereitung macht die Kinder selbstbewusst, stolz und vermittelt ihnen Fähigkeiten und Kenntnisse, die sie auch später brauchen.

Zutaten: Vollkornbrot oder Brötchen, Brotaufstrich (Butter, Käse), Gemüse und Obst der Saison, frische Kräuter (Schnittlauch, Petersilie, Kresse)

Material: Kinderschürzen, Schneidebrettchen, kleine Messer, Schälchen

Die Kinder waschen ihre Hände und das Gemüse und Obst. Die Spielleitung betrachtet mit ihnen die einzelnen Zutaten und spricht mit ihnen über die Herkunft der verschiedenen Lebensmittel. Sie können die unterschiedlichen Gerüche und Geschmäcke wahrnehmen. Gemeinsam zaubern die Kinder daraus eine leckere Mahlzeit.

Beispiele für ein kunterbuntes gesundes Frühstück, bei dem die Kinder nicht nur Freude

bei der Zubereitung, sondern auch beim Essen haben: Obst- und Gemüseschiffchen, Gemüsetausendfüßler, Obstraupen aus Erdbeeren oder Trauben, belegte Brote usw.

Hinweis: Kinder sollen lernen, auf die Signale ihres Körpers zu hören, und selbst bestimmen, wann sie satt sind.

Gemüsebeet zum Naschen

Kinder haben oft nicht mehr die Möglichkeit zu erfahren, wie etwas wächst. Obst und Gemüse wird meist auf dem Markt oder im Supermarkt gekauft. Kinder haben jedoch eine große Freude daran, zu erleben und begreifen, wie aus einem Samenkorn oder einer Pflanze etwas entsteht. Das Keimen und Wachsen einer Pflanze, das Blühen und Reifen der Frucht kann beobachtet werden. Gemeinsam zu gärtnern sind Sinneserfahrungen pur. Selbst angebautes Gemüse macht Lust, es zu probieren. Radieschen, Karotten, kleine Tomaten, Gurkenscheiben, Erdbeeren oder Beeren, die an Sträuchern wachsen, können immer wieder zwischendurch genascht werden.

Auch Kräuter sind für die Kinder interessant zu probieren, sie riechen nicht nur unterschiedlich, sondern schmecken auch ganz verschieden. Minzeblätter im Wasserkrug sehen nicht nur hübsch aus, sondern verleihen dem Wasser auch einen erfrischenden Geschmack. Fein geschnittenen Schnittlauch auf einem Butterbrot oder einen selbst gemachten Kräuterquark kosten die Kinder gerne.

Für einen Garten reicht schon ein kleines Beet. Ist keine Fläche für einen Garten in der Einrichtung vorhanden, können auch große Blumenkästen oder Kübel bepflanzt werden. Wichtig hierbei ist, dass diese einen Wasserablauf haben und die Pflanzen bei Trockenheit gegossen werden. Die Kinder sind stolz darauf, das Obst und Gemüse, das sie selbst gesät und gepflegt haben, zu essen, und sie erhalten Erfolgserlebnisse. Ganz nebenbei freuen sie sich beim Säen, Pflanzen, Gießen und Ernten und lernen Fürsorge, Wertschätzung und Verantwortung.

Kräuterköpfe

Ganz einfach können die Kinder drollige Kräuterköpfe basteln. Sie freuen sich, wenn die ersten Haare an den Kräuterköpfen sprießen und sie davon naschen dürfen.

Material: alte Nylonstrümpfe oder Nylonstrumpfhosen, Sägemehl, Gummiringe, Knöpfe oder Moosgummi, Stecknadeln, rote Acrylfarbe, Pinsel, Scheren, Kressesamen, Teller mit Wasser, Teelöffel, Wassergläser mit einer kleinen Öffnung. Für die Variante: Raukesamen und Blumenerde

Die Kinder füllen in einen Nylonstrumpf (bei einer Nylonstrumpfhose die Fußteile in der Höhe eines Strumpfes abschneiden) Sägemehl, bis eine faustgroße Kugel (Kopf) entsteht. Das Ende des Strumpfes muss frei bleiben – er dient später der Bewässerung des Kräuterkopfes. Mit einem Knoten oder einem Gummiband den Strumpf am unteren Ende verschließen, sodass dabei ein längeres Strumpfende übrig bleibt. Für die Nase zupfen die Kinder in der Mitte des Kopfes etwas Füllung (eine Nase) ab und trennen sie mit einem Gummiband ab. Auf die gleiche Weise können Ohren entstehen. Jetzt können sie ihren Kräuterkopf noch beliebig gestalten, z. B. mit Stecknadeln Knöpfe als Augen oder ausgeschnittene Moosgummiaugen anbringen. Der Mund lässt sich mit wasserfester Farbe (Acrylfarbe) aufmalen.

Dann geben sie eine kleine Handvoll Kressesamen in einen mit etwas Wasser gefüllten Teller und lassen diese aufquellen. Nachdem die Acrylfarbe getrocknet ist, den Kopf einmal komplett in Wasser eintauchen, damit sich das Sägemehl vollsaugt.

Nach einer Weile wird der Samen geleeartig und die Kinder können ihn mit einem Löffel auf ihren Sockenkopf geben und ihn darauf verstreichen. Zum Schluss ein Glas mit Wasser füllen und den Kräuterkopf daraufstellen, sodass das Ende der Socke Kontakt mit dem Wasser hat. Fertig sind die Kräuterköpfchen. Jetzt heißt es abwarten, bis etwas wächst und gegessen werden kann. Wichtig ist, dass die Kräuterköpfe am Licht stehen, immer Kontakt zum Wasser haben und die Samen während der Keimung stets feucht sind.

Variante: Anstatt Kresse können die Kinder auch Raukesamen aufquellen lassen und auf die Socke geben. Hier sollte die Socke allerdings mit Blumenerde gefüllt werden, da Rauke mehr Nährstoffe benötigt.

Tanzendes Gemüse

Material: Weichbodenmatte, Kochlöffel, evtl. Kochmütze, lebhafte Musik

Die Spielleitung eröffnet das Bewegungsspiel:
Hallo, liebe Kinder, ich bin der Zauberkoch und möchte heute mit euch einen leckeren Eintopf kochen. In den Eintopf kommt viel gesundes Gemüse. Welches Gemüse könnte man in einen Eintopf tun?
Die Kinder überlegen und zählen Gemüsezutaten auf, z. B. Karotten, Kartoffeln, Erbsen, Bohnen, Petersilie, Zwiebel ...
Oh, lecker, lauter Gemüse, das schmeckt! Heute bewegen wir uns einmal als gesundes und leckeres Gemüse.
Gemeinsam überlegt sich die Spielleitung mit den Kindern Bewegungsmöglichkeiten für die verschiedenen Gemüsesorten, die sie gemeinsam ausprobieren und ausführen, z. B. rollende Kartoffel (auf dem Boden kugeln), lange dünne Karotte (auf Zehenspitzen gehen und die Arme hoch hinaufstrecken), scharfe Zwiebel (drehend bewegen und die Augen reiben/pantomimisch weinen), kleine kullernde Erbsen und Bohnen (umherhüpfen), Petersilie (beliebig bewegen und Arme hin und her bewegen).
Da ich ein ganz besonderer Zauberkoch bin, lasse ich heute das Gemüse in den Topf tanzen.
Eine Weichbodenmatte in der Mitte als großen Kochtopf auslegen. Die Spielleitung spielt den Koch und hat einen Kochlöffel und evtl. eine Kochmütze auf. Die Kinder spielen zu einer lebhaften Musik das Gemüse und dürfen sich unterschiedlich nach Wahl als verschiedene Gemüsesorten bewegen. Sobald der Zauberkoch ein Gemüse (Kind) leicht mit dem Kochlöffel berührt, tanzt es in den Topf (auf die Weichbodenmatte). Das Spiel wird so lange gespielt, bis sich alle Kinder auf der Weichbodenmatte befinden.

Anregung: Gerne übernehmen auch einmal die Kinder die Rolle des Zauberkochs. Und wie wäre es, im Anschluss mit den Kindern einen Eintopf zu kochen, bei dem die Kinder gerne beim Gemüseputzen und -schneiden helfen und verschiedene Gemüsesorten probieren können?

Obst ist gesund

Zu Beginn des Bewegungsspieles überlegen sich die Kinder verschiedene Obstsorten, die sie kennen, z. B. Banane, Apfel, Birne, Traube, Kirsche ...

Ein oder zwei Kinder spielen die Fänger und versuchen, die anderen zu fangen. Diese können nicht gefangen werden, wenn sie vor dem Abschlagen eine Obstsorte nennen. Sind sie jedoch gefangen worden, setzen sie sich auf den Boden. Ein anderes Kind kann einen Gefangenen befreien, indem es ihn berührt und ruft „Obst ist gesund!“ Dann darf das Kind wieder weiterlaufen. Die Rolle der Fänger kann immer wieder getauscht werden.

Lebensmittel ordnen

Ein Bewegungsspiel, das die Kinder lieben und bei dem ganz nebenbei das Wissen über Lebensmittel vertieft werden kann.

Material: 100 bis 120 Lebensmittelkarten (laminierte Lebensmittelbilder aus Lebensmittelprospekten); Symbole für jede Lebensmitteleinheit (Flasche Wasser, Obst und Gemüse, Schüssel mit Getreidekörnern, Bild vom Schwein und Huhn, Milch oder Bild einer Kuh, Zucker); ca. 10 Balanciersteine, 2 Langbänke, ca. 8 große Stühle, Teppichfliesen, ca. 6 Reifen und 6 Reifenständer, 6 Turnmatten, 1 Weichbodenmatte

Vorbereitung: Bei der Herstellung von Lebensmittelkarten helfen die Kinder gerne mit. Gemeinsam suchen sie in Prospekten nach verschiedenen Lebensmitteln und schneiden diese aus. Anschließend werden die Bilder von der Spielleitung laminiert oder mit Buchfolie beklebt.

Aufbau: Eine Weichbodenmatte in die Mitte des Raumes legen. Sechs weitere Matten weit voneinander entfernt im Raum auslegen und jede mit Turngeräten zur Weichbodenmatte verbinden. Beispiele hierfür:

- Umgedrehte Langbank zum Balancieren aufbauen
- Balanciersteine im geeigneten Abstand zum Drüberlaufen legen
- Reifen in Reifenständer zum Durchkrabbeln aufbauen
- Stühle hintereinander zum Drüberklettern/-steigen aufstellen
- Teppichfliesen als Weg auslegen
- Eine weitere Langbank aufstellen – es kann darüber gekrabbelt, sich im Spinnengang bewegt oder sich mit den Armen vorwärtsgezogen werden ...

Auf der Weichbodenmatte die Lebensmittelkarten verteilen. Die weiteren Matten mit verschiedenen Lebensmittelsymbolen versehen:

- Wasserflasche für Getränke
- Obst und Gemüse
- Schüssel mit Körnern für Getreideprodukte: Mehl, Brötchen, Toast, Brot, Nudeln, Müsli ...
- Milch oder Bild einer Kuh für die Milchprodukte: Milch, Joghurt, Käse, Quark ...
- Bild vom Schwein und Huhn für die tierischen Produkte: Fleisch, Wurst, Fisch, Eier
- Zucker für Süßigkeiten: Schokolade, Bonbons, Gummibärchen ...

Spielidee: Alle Kinder treffen sich an der Weichbodenmatte und die Spielleitung erklärt den Kindern das Spiel:

Hier im Kaufladen ist alles durcheinandergeraten, das Obst und Gemüse, die Getreide-, Tier- und Milchprodukte, die Süßigkeiten und die Getränke. Eure Aufgabe ist es heute, alle Lebensmittel richtig zu sortieren und sie in ihre Abteilung zu bringen. Schaut euch die Karten genau an: Wo gehört z. B. der Käse hin, wo der Salat?
Zu den jeweiligen Abteilen sind es beschwerliche Wege, sie sind schmal und es stehen viele Hindernisse im Raum. Doch gemeinsam schafft ihr es, alle Lebensmittel in ihre Lebensmittelbereiche zu bringen.

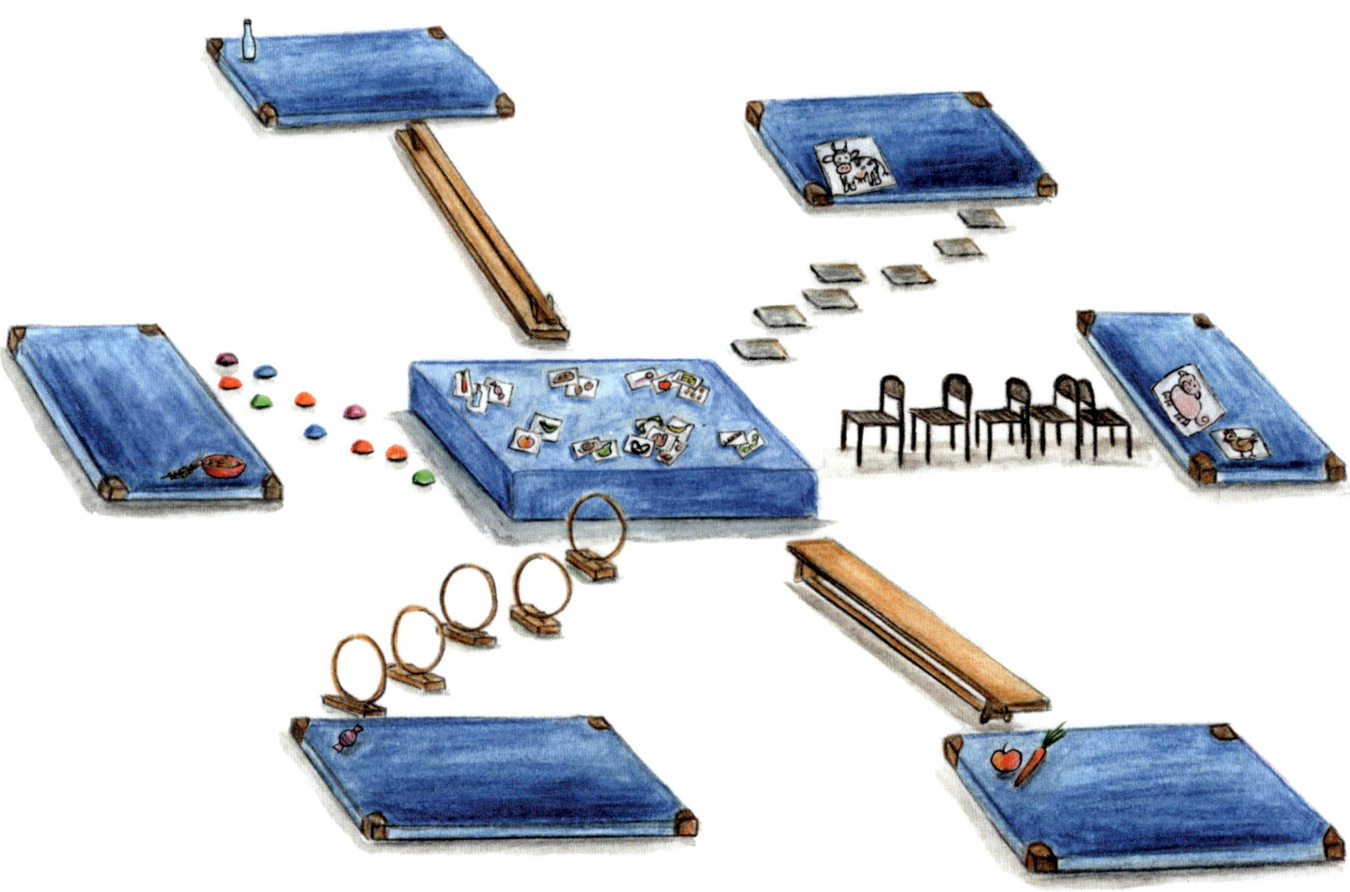

Die Kinder nehmen jeweils eine Lebensmittelkarte ihrer Wahl und bringen sie ins richtige Abteil. Dabei müssen sie den Parcours durchlaufen. Anschließend gehen sie wieder zum Ausgangspunkt zur Weichbodenmatte und sortieren erneut.

Nachdem alle Karten verteilt sind, schaut die Spielleitung mit den Kindern in jedem Abteil nach, ob sie richtig zugeordnet wurden. Gemeinsam spricht sie mit den Kindern über die Wichtigkeit der jeweiligen Lebensmittel für unseren Körper: Von welchen Lebensmitteln sollte besonders viel oder eher weniger gegessen werden?

Mama geht mit Timo einkaufen

Material: Lebensmittelkarten (Salat, Apfel, Karotte, Salatgurke, Nudeln, Reis, Bohnen, Zucker, Vollkornmehl, süßer Joghurt, Naturjoghurt, Quark, Lollis, Gummibärchen, Kekse, Kinderriegel, Schokolade, Bonbons, Brötchen, Johannisbeeren, Himbeeren, Erdbeeren, Kräuter, Wasser, Saftschorle)

Die Kinder sitzen im Kreis, in die Mitte werden verschiedene Lebensmittelkarten ausgelegt. Die Spielleitung erzählt nun den Kindern eine Geschichte, bei der die verschiedenen Lebensmittel vorkommen. Die Begriffe, die in der Mitte liegen, werden besonders betont. Die Kinder müssen ganz genau darauf achten und das jeweilige Bild aus der Mitte holen. Es muss möglichst schnell reagiert werden, denn nur der Schnellste bekommt das Bild in der Mitte. Das Kind, das zum Schluss die meisten Lebensmittelbilder hat, hat gewonnen. Bei einer größeren Spielgruppe und jüngeren Kindern die Lebensmittelkarten in mehrfacher Anzahl auslegen, so kommen mehrere Kinder gleichzeitig zum Zug. Am Ende der Geschichte geht die Spielleitung zu einer Gesprächsrunde über, hier dürfen die Kinder äußern, welche Lebensmittel ihnen besonders gut schmecken und welche weniger oder gar nicht. Anschließend können die Kinder die Lebensmittelkarten sortieren: Was ist gesund und was nicht?

*Heute geht Mama mit Timo einkaufen. Sie gehen in einen großen Lebensmittelladen. Hier gibt es die unterschiedlichsten Lebensmittel in allen Variationen. In langen Einkaufsregalen sind sie sortiert. Damit Mama auch nur das einkauft, was sie braucht, hat sie einen Einkaufszettel geschrieben. Timo freut sich auf das Einkaufen, denn er darf den großen Einkaufswagen durch die schmalen Gänge schieben, das ist gar nicht so einfach. Mama und Timo kommen am Gemüse- und Obststand vorbei. Mama nimmt einen **Salatkopf** und Timo legt vier **Äpfel** in den Einkaufswagen. Dann nehmen sie sich noch **Karotten** und eine **Salatgurke** vom Stand. Nun kommen sie an hohen Regalen vorbei, hier gibt es **Nudeln**, **Reis**, **Bohnen**, **Zucker** und vieles andere. Mama nimmt ein **Vollkornmehl** vom Regal, denn das ist besonders gesund, es enthält wichtige Ballaststoffe, Vitamine und Mineralien. Daraus möchte sie heute mit Timo etwas backen. An der Kühltheke kommt Timo gar nicht aus dem Staunen heraus. Hier gibt es viele tolle **süße Joghurts** in allen Variationen, mit Knusperflakes, Früchten und Schokostreuseln. Allein die bunte Verpackung lässt Timo das Wasser im Mund zusammenlaufen. Am liebsten würde er sich einen Joghurt mit Kindermotiven nehmen, der ist bestimmt lecker, denkt Timo. Doch Mama zieht ihn weiter und legt stattdessen nur **Naturjoghurt** und **Quark** in den Einkaufswagen. „Wie langweilig", sagt Timo, „den mag ich aber nicht." „Doch, bestimmt", sagt Mama, „zu Hause zaubern wir daraus etwas Leckeres." Etwas lustlos und schmollend läuft Timo mit Mama weiter. Endlich kommen sie am Süßigkeitenregal vorbei. Das ist voll von unten bis oben mit den leckersten und tollsten Sachen. Hier gibt es bunte **Lollis**, die verschiedensten **Gummibärchen**, **Kekse**, **Kinderriegel** und viel **Schokolade**. „Oh, lecker, schau, Mama, so viele gute Sachen! Darf ich mir etwas aussuchen?" „Heute nicht", sagt Mama, „du weißt doch, zu viel Süßes ist ungesund und macht die Zähne schlecht." Enttäuscht läuft Timo mit Mama zur Kasse. Hier darf er Mama helfen, die Lebensmittel auf das Band zu legen, und am Ende darf* *er sogar bezahlen. Darüber freut sich Timo. Er gibt der Verkäuferin einen großen Schein. Stolz nimmt er das Wechselgeld entgegen. Die Verkäuferin schenkt ihm zum Abschied ein* ***Bonbon****. „Danke!“, sagt Timo und strahlt.*

Zu Hause bäckt Mama mit Timo aus dem Mehl frische Brötchen und sie machen aus dem Gemüse einen bunten Salat. Im Garten pflücken die beiden rote ***Johannisbeeren****,* ***Himbeeren*** *und leckere* ***Erdbeeren****. Daraus bereiten sie mit dem eingekauften Naturjoghurt einen gesunden Früchtenachtisch zu. Auf der Küchenfensterbank zupft Mama noch ein paar* ***Kräuter*** *ab. Timo darf sie klein schneiden und mit dem Quark vermischen.*

Endlich ist das Essen fertig und jetzt kommt auch Papa nach Hause. Gemeinsam essen sie die leckeren Brötchen mit Kräuterquarkaufstrich, gesunden knackigen Salat und einen köstlichen Beerenjoghurt. Dazu gibt es kühles ***Wasser*** *und* ***Saftschorle****. „Mmmmm, schmeckt das lecker!“, sagt Timo und isst sich richtig satt. Und auch Papa ist ganz begeistert vom selbst gemachten Essen und nimmt Timo stolz in den Arm.*

Und dann lutscht Timo fröhlich sein Bonbon, das er von der Verkäuferin geschenkt bekommen hat, denn eine kleine Süßigkeit ist erlaubt, das weiß Timo.

Zahntheater

Ein lustiges Zahntheater, das die Kinder zum Zähneputzen und gesunden Essen animiert.

Material: Lolli, 2 Zahnbakterien (Stoffreste, Stofftaschentuch oder Stoffserviette), Zahnbürste, Möhre, Apfel, Kartoffel, Gabeln; Kulisse – Zahngebiss (weißer, roter, schwarzer Tonkarton, weiße Klettpunkte, evtl. Klebestreifen für die Befestigung oder großer stabiler Bananenkarton).

Für die Vertiefung: Malpapier (aufgemalte Zähne), Farbstifte

Vorbereitung: Im Vorfeld gestaltet die Spielleitung zwei Zahnreihen als Kulisse, diese können zwischen einen Türrahmen mit Klebestreifen fixiert, an einem standfesten Kaspertheater angebracht werden oder ein Karton kann hierfür herhalten – den Karton als Tischtheater aufstellen, die Bodenseite dient als Kulisse, in der Mitte eine große Öffnung hineinschneiden und die Zahnreihen oben und unten ankleben. Aus schwarzem Tonkarton „Löcher“ schneiden und diese mit Klettpunkten auf der Rückseite versehen. Auf die weißen Zähne die Gegenstücke der Klettpunkte kleben, sodass später im Spiel daran die „schwarzen Löcher“ fixiert werden können.

Für die Zahnbakterien nimmt man jeweils ein großes Stofftaschentuch (oder einen Stoffrest oder eine Serviette) und macht in drei seiner Zipfel einen Knoten – der mittlere Knoten ist der Kopf, diesen mit Augen, Nase und Mund versehen, und die seitlichen sind die Arme. Beim Spielen von hinten Daumen, Zeigefinger und Mittelfinger durch die drei Knoten stecken und der frei bleibende Zipfel verdeckt die spielende Hand. Möhre, Apfel und Kartoffel auf eine Gabel stecken, so kann spielend damit hantiert werden. Das Blattgrün der Möhre bildet die Haare. Das Gemüse mit einem Gesicht versehen – mit einem Küchenmesser einritzen, aufkleben oder aufmalen (sodass es hinterher noch verzehrt werden kann).

Nun kann das Spiel beginnen, bei dem die Spielleitung die Zahnbakterien, Zahnbürste und das Obst und Gemüse lebendig werden lässt und bei dem die Kinder gerne zuschauen, sich sprachlich einbringen und mitsingen. Gerne spielen die Kinder im Anschluss auch selbst mit den Gemüsefiguren und anderen Utensilien das Spiel nach oder werden selbst kreativ.

Lolli erscheint:
„Hallo, Kinder, wisst ihr, wer ich bin?"
Kinder antworten lassen.
„Ja, natürlich kennt ihr mich, ich schmeck euch doch ganz gut. Ihr esst doch auch alle ganz gern süße Sachen, wie ich es bin. Oder?"
Die Kinder äußern, wie ihnen Süßigkeiten schmecken.
„Kennt ihr denn noch andere Süßigkeiten?"
Die Kinder können aufzählen, welche Süßigkeiten sie kennen.
„Aber, was meint ihr, sind wir gesund?"
Kinder antworten lassen.
„Nein!!! Denn in uns ist ganz viel Zucker drin und zu viel Zucker ist ungesund. Aber manchmal darf man schon ein bisschen naschen. Nur nicht zu viel! Und eines darf man nie, nie vergessen!"
Kinder sich äußern lassen.
„Genau. Zähneputzen, sonst kommen nämlich die Zahnbakterien. Denn nicht nur ihr Kinder liebt Zucker, sondern auch die Zahnbakterien, mmm, schmeck ich lecker."
Lolli geht ab.

Zahnbakterien kommen zum Vorschein:
„Mmmmm, mmmmm, lecker, seht ihr auch, was wir sehen? Zucker, ganz viel süßer Zucker hängt an den Zähnen, da wollen wir nicht lang warten, kommt, schnell!"

Die Zahnbakterien bewegen sich auf den Zähnen und singen:

Melodie: A, a, a, der Winter, der ist da

Juche, juche, juche, Zucker ist hier viel.
Wir wollen nicht lang warten
und davon etwas haben.
Juche, juche, juche, Zucker ist hier viel.

Juche, juche, juche, Zucker ist hier viel.
Wir Zahnbakterien tanzen im Mund herum
und wandeln den Zucker in Säure um.
Juche, juche, juche, Zucker ist hier viel.

Juche, juche, juche, Zucker ist hier viel.
Wir machen Karies, sind gemein,
schwarze Löcher machen wir in die Zähne rein.
Juche, juche, juche, Zucker ist hier viel.

Mit den Zahnbakterien die schwarzen Tonkartonkreise während der letzten Strophe an die Klettpunkte der weißen Zähne heften.

Zahnbürste kommt langsam zum Vorschein und vertreibt die Zahnbakterien:
„Fort mit euch, ihr Bösewichte. Euch putz ich alle von den Zähnen!"
Zahnbakterien verschwinden. (Die schwarzen Tonkartonkreise von den Zähnen entfernen.)
Zahnbakterien rufen:
„Hilfe, Hilfe, die Zahnbürste vertreibt uns!"
Zahnbürste spricht zu den Kindern:
„Kinder, vergesst niemals mich, die Zahnbürste. Ich halte eure Zähne sauber, somit haben die Zahnbakterien keine Chance. Denn wenn eure Zähne sauber sind, finden sie keine Essensreste und haben dann keine Kraft. Mit etwas Zahnpasta ist es ganz leicht, da macht das Zähneputzen Spaß!"
Die Zahnbürste putzt die Zähne von rot nach weiß, in Kreisen, hin und her und singt dazu:

Melodie: Brüderchen, komm, tanz mit mir

Deine Zähne, die sind wichtig,
deshalb putze ich sie tüchtig.
Oben und unten, hin und her,
Zähneputzen ist nicht schwer.

Und nach all den süßen Sachen
will ich deine Zähne sauber machen.
Oben und unten, hin und her,
Zähneputzen ist nicht schwer.

Ich, die Zahnbürste, putz im Mund,
dann bleiben deine Zähne gesund.
Oben und unten, hin und her,
Zähneputzen ist nicht schwer.

Die Zahnbürste geht ab:
„Tschüss, liebe Kinder, und vergesst das Zähneputzen nicht, vor allem vor dem Schlafengehen!"

Eine **Möhre**, ein **Apfel** und eine **Kartoffel** kommen zum Vorschein:
„Na, kennt ihr uns? Was meint ihr, sind wir gesund?"
Die Kinder antworten lassen.
„Richtig, wir sind gesund. Anstatt Süßigkeiten zu essen, esst lieber uns. Denn wir sind nicht nur gesund, wir schmecken auch gut und machen die Zähne stark. Somit können wir sie vor Karies schützen."
Apfel:
„Mit euren Schneidezähnen könnt ihr in mich hineinbeißen und so kleine Stücke abbeißen, die ihr dann mit euren Backenzähnen zerkauen könnt. Und ihr werdet sehen, ich schmecke auch süß und so frisch."
Kartoffel:
„Wenn ihr mich weich kocht, dann schmecke ich nicht nur gut, sondern dufte auch ganz lecker!"
Möhre:
„Ja, und ich mach die Zähne stark und hart, denn wenn man mich durchbeißen will, braucht man schon etwas Kraft. Dabei freuen sich die Zähne, weil sie so richtig zubeißen können und lange auf mir herumkauen können."

Zahnbakterien kommen zum Vorschein und bewegen sich ganz schwach:
„Puh, sind wir schlapp. Kein Zucker ist in Sicht. Nur gesundes Gemüse und Obst, das mögen wir überhaupt nicht, davon werden wir nicht stark, oh, wir sind so schlapp."

Zahnbakterien verschwinden wieder.

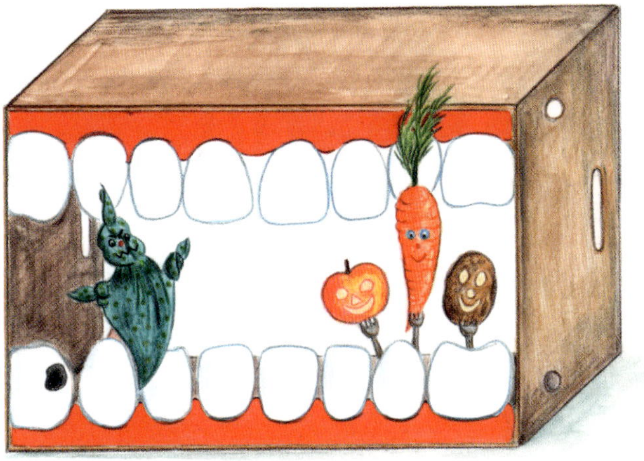

Das **Gemüse** freut sich und singt:

Melodie: Hänsel und Gretel

Obst und Gemüse, das schmeckt fein,
da beißen die Zähne gerne hinein.
Wir sind gesund und lecker, iss doch mit!
Wir geben dir Kraft und halten dich fit.

Vieles Gute steckt in uns drin.
Wir sind gesund für jedes Kind.
Vitamine, Mineralstoffe und noch vieles mehr.
Deine Zähne freuen sich sehr.

Vertiefung: Zur Vertiefung können die Kinder einen fröhlichen gesunden Zahn und einen traurigen mit Karies malen. Drum herum malen sie beim gesunden Zahn Obst und Gemüse und beim traurigen Süßigkeiten. Hierfür hat die Spielleitung im Vorfeld für die jüngeren Kinder zwei vorgezeichnete Zähne vorbereitet.

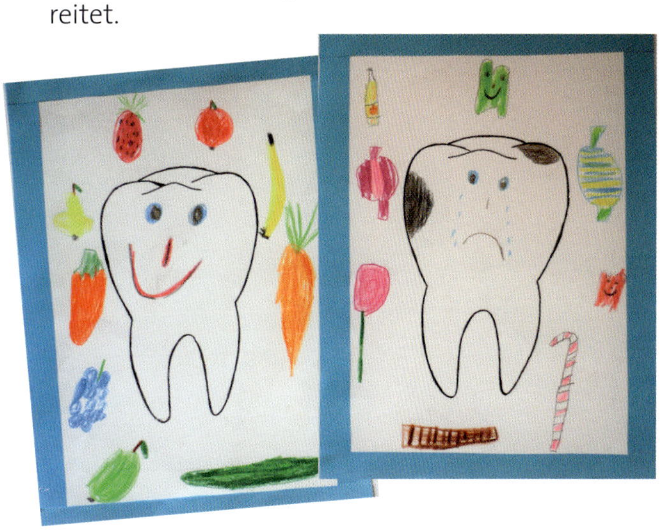

Anhang

Kopiervorlagen Gefühlsbilder

Gefühlsgesichter

Laufkarte

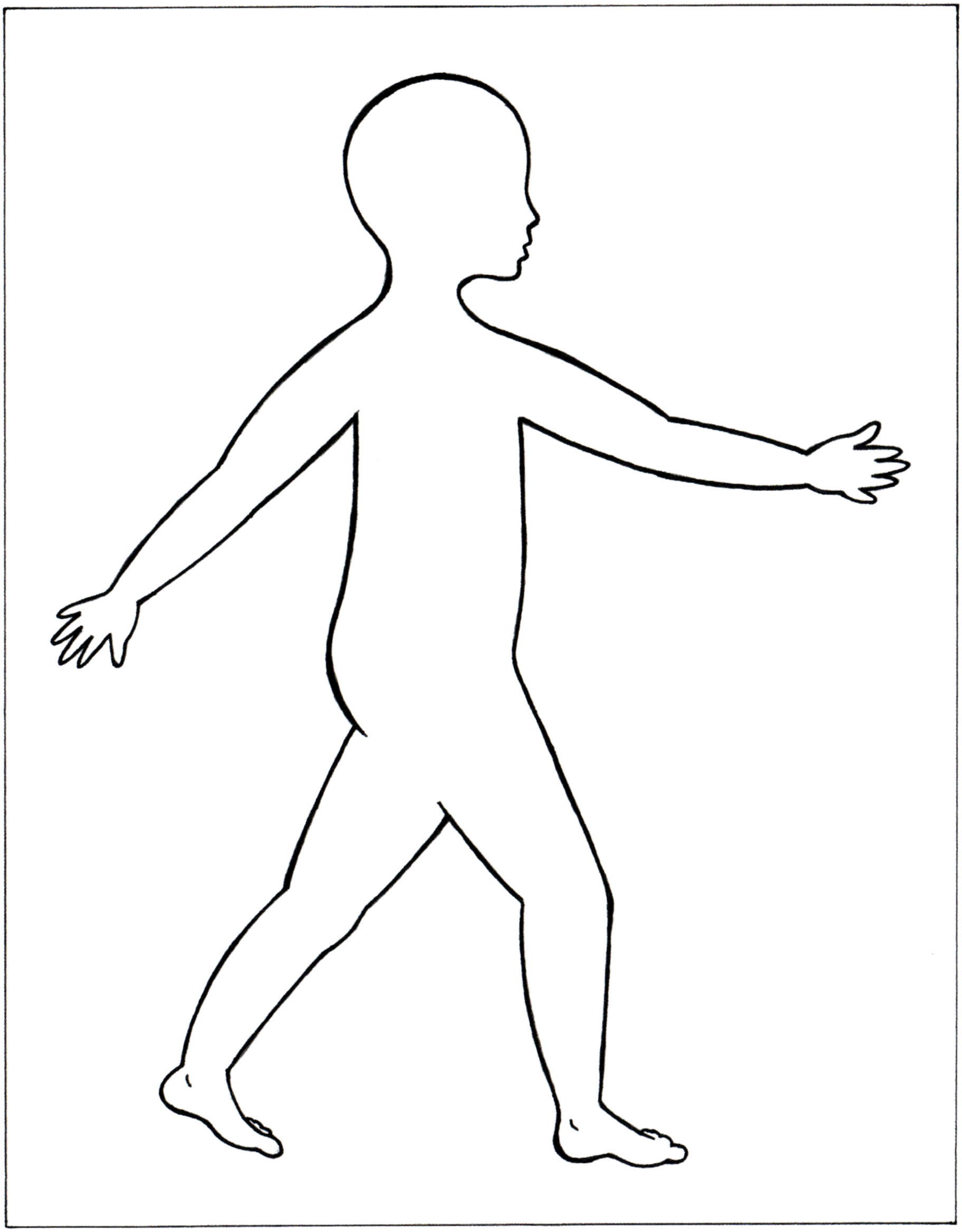

Register

Die Autorin/ Illustratorin

Martina Wagner ist Erzieherin mit langjähriger Erfahrung in der Spielpädagogik und Spielbuch-Autorin. Sie hat drei eigene Kinder und lebt in Baden-Württemberg.